LES PIERRES CRIERONT

Fin d'un monde
      Fin du monde
           ou Fin des temps ?

Du même auteur
CE QUI M'A FAIT GRANDIR
« Un arc-en-ciel dans la nue »

Sous forme de chroniques courtes et diffusées dans différentes radios locales, ce livre retrace une histoire, une expérience avec un thème nouveau et différent à chaque chapitre

Paru en 2013 et disponible aux éditions «Vie & Santé»

https://www.viesante.com/produit-livres-525
Ou par le raccourci : https://cutt.ly/KyFPbhJ

Egalement disponible sur le site de l'auteur : http://fayard.eu
Pour joindre l'auteur : grandir@gmx.fr

Joël Fayard

LES PIERRES CRIERONT

Fin d'un monde
    Fin du monde
        ou Fin des temps ?

*Merci à Sylviane, Yves, Chris et Jean-Paul
pour leurs conseils et amicaux soutiens.*

*Merci à Gabriel Monet d'avoir bien voulu m'accompagner
dans cette aventure en rédigeant la préface de ce livre.*

*Merci à Gabrielle pour sa patience et sa compréhension
durant ces mois d'écriture.*

*Merci à vous lecteurs de m'avoir élu puisque je suis à présent entre vos mains. J'espère et je souhaite vraiment que
ce livre, au lieu de vous rendre perplexes et inquiets sur
l'avenir, vous ouvrira à d'autres horizons, d'autres visions,
d'autres possibles...*

JF

*Touts droits de traduction
d'adaptation et de reproduction
réservés pour tous pays*

© Editions BoD, juillet 2020
www.bod.fr
ISBN : 978-2-3222-3767-8

Crédit photo couverture : Nuno OBEY
https://cutt.ly/ByjJepo

« *Si l'on me disait que la fin du monde est pour demain, je planterais un pommier* »*
Martin Luther

« *Il leur dit : s'ils se taisent, les pierres crieront* »
La Bible - Evangile de Luc

* *page 135*

« Sérénité, courage et sagesse face aux défis écologiques de notre temps »

PREFACE

Entre espoir et désespoir mon cœur balance. C'est vrai à la lecture du livre de Joël Fayard, c'est bien souvent vrai face aux réalités de la vie. Tant de situations, de relations… nous inquiètent et nous font redouter le pire ; nous avons l'impression qu'il n'y a d'autre issue que de baisser les bras, et pourtant, des forces nous habitent bien souvent que nous activons pour aller de l'avant, réparer les brèches, reconstruire les relations, et penser que demain sera meilleur. C'est vrai à l'échelle de nos vies, c'est aussi vrai à l'échelle de la planète.

Concernant l'avenir de la planète bleue que nous avons le privilège d'habiter, Joël Fayard est alarmiste, et il y a lieu de l'être… Or face à une alarme, trois attitudes sont souvent considérées comme possibles : le déni, la fuite ou l'engagement pour résoudre le problème. En l'occurrence, si habituellement la troisième attitude est souvent la meilleure, les choses sont plus complexes qu'il n'y paraît. Car si ni le déni ni la fuite n'aideront, l'engagement volontariste peut-il suffire ?

Le constat est là et il importe avant tout d'en avoir conscience. La crise écologique génère une urgence.

Mais la question est posée de savoir si ce doit être une urgence d'action ou de réaction. Peut-être les deux. Une urgence d'action consisterait à tout faire pour infléchir les courbes inquiétantes concernant l'augmentation de la pollution, l'épuisement des ressources, le fléchissement de la biodiversité, les changements climatiques et leurs conséquences néfastes, etc. Il faudrait donc agir et espérer un changement qui dépend de nous. Une autre attitude consisterait donc à ce que j'ai appelé une urgence de réaction, à savoir non pas forcément croire que nous pourrons infléchir les choses, mais voir dans l'inéluctable une invitation à regarder ailleurs. Parce que nous avançons dans une impasse et qu'il est désormais impossible de faire marche arrière, alors il ne s'agirait plus seulement de regarder devant, mais en haut. Face à la crise écologique qui agirait comme un signe des temps, il faudrait donc activer ou réactiver la foi pour espérer un changement qui ne dépend pas de nous.

Que la crise écologique soit un « signe des temps » me paraît tout à fait fondé. Bibliquement parlant, un signe des temps est l'occasion de voir, dans un événement ou une situation, une opportunité de (re)centrer sa vie sur l'essentiel, de (re)mettre sa confiance en Dieu et de (ré)activer l'espérance en un monde nouveau (re)créé par Dieu. Il n'est pas inutile de rappeler néanmoins que dans l'expression « signe des temps », la notion de temps fait référence au grec *kairos* et non au mot *chronos*. Alors qu'en français nous n'avons qu'un seul mot, très général, pour parler du temps, la langue du Nouveau Testament en a plusieurs. Il y a le *chronos*, le temps qui passe ; l'*eschaton*, le temps final ; et le *kairos*, le temps opportun, l'occasion favorable. S'il est clair que les signes des temps disent quelque chose du temps qui passe et en l'occurrence, si la crise écologique nous met face à la réalité d'un possible temps final, c'est avant tout une occasion de faire le point sur nos convictions, nos croyances, notre espérance.

Il faudrait probablement plus de foi pour croire que nous, humains, abandonnerons notre égoïsme et notre désir de profiter de la vie avec tous ses avantages afin de faire face à la crise écologique, que de croire qu'un jour, bientôt, Dieu apportera une solution plus radicale. Pour autant, les deux chemins sont-ils incompatibles ? Je ne le crois pas, au contraire. On peut même regretter que les croyants n'aient pas toujours été en ligne de front sur les questions écologiques. Il est vrai que cette espérance du renouvellement de toutes choses à la fin des temps a pu dédouaner nombre de chrétiens de leur responsabilité. Mais ce serait mal lire la Bible que de penser ainsi, et surtout mal comprendre la volonté de Dieu. Dès le jardin d'Eden, Dieu a voulu faire des humains les intendants du jardin, les protecteurs et les co-responsables de la Création. Assumer cette responsabilité, protéger notre environnement, faire preuve de solidarité avec l'ensemble du vivant… correspond encore et toujours à l'idéal divin.

La lecture de ce livre de Joël Fayard a donc renforcé en moi le double désir simultané de faire ma part pour espérer un monde meilleur tout en lâchant prise pour faire confiance à Dieu. Cela suscite en moi l'envie de faire monter cette prière dite de la sérénité : « *Mon Dieu, donne-moi la sérénité d'accepter les choses que je ne puis changer, le courage de changer les choses que je peux, et la sagesse d'en connaître la différence* ».

Gabriel Monet
Doyen de la Faculté adventiste de théologie de Collonges-sous-Salève - Haute-Savoie

*« Dieu s'est assis sur le rebord du monde et il pleure
de voir ce que les hommes en ont fait »*
Francis Cabrel

AVANT-PROPOS

L'image, ou plutôt l'air qui me trotte dans la tête au moment où j'aborde la rédaction de ce livre, m'est suggérée par cette chanson du chanteur Francis Cabrel :
« Assis sur le rebord du monde », parue en 2001.
En voici quelques vers :
> *Je vais aller m'asseoir sur le rebord du monde*
> *Voir ce que les hommes en ont fait*
> *Dieu qui s'est assis sur le rebord du monde*
> *Et qui pleure de le voir tel qu'il est*
>
> https://cutt.ly/ZyIGvmY

Je trouve cette chanson touchante car cette vision d'un Dieu qui observe le monde attristé de ce qu'il est devenu, me semble très parlante. Vision d'artiste sûrement, mais n'y aurait-il pas au fond quelque chose d'assez juste dans cette image ?

Le monde, nul ne peut l'ignorer, est entré dans une période de son histoire où les difficultés vont croissant. Des cataclysmes ont lieu, des bouleversements jamais vus commencent même à se produire et risquent bien, à court ou moyen terme, d'impacter la vie sur Terre ou au moins de la rendre de plus en plus difficile à vivre. Et si, vu de l'occident, cela semble encore bien lointain, un regard sur ce que commencent concrètement à vivre les populations déshéritées ou en voie de développement nous laisse imaginer vers quoi pourrait bien aller l'humanité.

Mais une question vient alors tout naturellement aux lèvres du croyant :
– Et Dieu dans tout cela ? Qu'est-ce qu'il en pense, qu'est-ce qu'il en dit ? Est-il débordé, pare-t-il au plus pressé pour l'humanité, faisant ce qu'il peut pour sa création en souffrance ?

Pardon pour cette familiarité où je place Dieu en l'imaginant observant, atterré et impuissant, les événements dramatiques qui surviennent et s'enchaînent sur Terre.

En réalité, si je suggère d'imaginer que ce qui arrive à la Terre prend Dieu au dépourvu, c'est bien sûr pour frapper les esprits et nous permettre de nous interroger sur le regard que porte Dieu à la situation et aux tournures que prennent les événements que vit la Terre et qui commencent à la bouleverser profondément, irrémédiablement. Car la grande question est évidemment : cela n'arrive-t-il pas dans un plan prévu, connu, voulu, attendu, qui se réalise maintenant et auquel Dieu, qui connaît toutes choses, a prévu une issue pour préserver et sauver sa création ?

Car pouvons-nous croire un instant que ce Dieu vu par Cabrel « assis au bord du monde et qui pleure » se dise et se demande : « mais comment vais-je les sortir de la situation dans laquelle ils se sont mis ? ». Car au sortir de la création et en donnant cet ordre « croissez et multipliez », Dieu voyait-il la suite et surtout la fin qui préoccupe et angoisse tant l'homme du XXIème siècle ?

Il y a quelques mois, en apprenant la démission de Nicolas Hulot de son poste de ministre de la transition écologique et solidaire – c'était en août 2018 – j'ai tout à coup réalisé que quelque chose se passait, là, sous nos yeux, mais en avions-nous vraiment conscience ?

Au cours de cette émission où il annonçait sa démission, mais aussi dans d'autres émissions télévisées depuis, il a prononcé ces paroles : « *A un moment ou à un autre, nos démocraties vont s'effondrer ! Il faut être préoccupé par les fins de mois des français, mais il faut aussi, ensemble, sans s'affronter, être préoccupés par un sujet qui s'appelle ni plus ni moins,* **la fin du monde !** »
https://cutt.ly/1ykWfDB

La fin du monde ? Mais comment de telles paroles ont-elles pu se retrouver dans la bouche d'un ministre de la république ? Pour ma part, cette prise de conscience affirmée dans la bouche d'un ministre d'un état laïc m'a littéralement « scotché » ! J'en ai été abasourdi, quasi sous le choc car je venais de prendre conscience de façon tangible, concrète de la possible fin de la vie sur Terre. Oui, mais pas dans cent mille, vingt mille, cinq mille, ni même mille ans, non, c'était envisageable selon le ministre dans un timing qui s'inscrivait là, maintenant, très vite et dans un temps très court et en tous cas avant la fin de ce siècle, de ce XXIème siècle.

Était-ce possible ? Qui disait cela, sur quelles sources ?

Et ces sources étaient-elles fiables ?

Alors je me suis mis à étudier, à lire, à me documenter pour me forger ma propre opinion. Puis dans un deuxième temps, ayant compris la valeur et l'authenticité de ces compte-rendus alarmistes, j'ai cherché ce qui pouvait permettre à l'humanité de garder espoir dans une autre fin que celle envisagée par de plus en plus de groupes de personnes ; scientifiques, écolos, politiques… Et puis en fin de compte et à l'heure des conclusions, j'ai compris l'impossibilité de garder cela pour moi. L'info était trop forte, trop énorme, je dirai même trop invraisemblable, trop folle. Alors s'imposa à moi l'idée d'informer, de prévenir, de faire circuler l'information, d'où le livre que vous tenez à présent entre vos mains.

Il est évident que le contenu d'un tel message est clivant et le plus souvent de façon extrême et dans des directions diamétralement opposées.

Car soit on vous remercie sincèrement, chaleureusement pour le travail, les conclusions, les alertes et l'espoir suscité, soit on vous cloue au pilori et, niant les faits rapportés et analysés, on vous traite d'imposteur, ou au mieux, d'illuminé. Ou bien encore, et c'est bien le plus souvent – car il est difficile de nier la réalité et l'évidence des faits analysés – on vous traite de pessimiste ou de défaitiste, du genre :

– mais on va bien trouver quelque chose et s'en sortir. Et puis rappelez-vous bien – oiseau de malheur – que jusqu'à présent, l'homme s'en est toujours sorti.

Oui, c'est vrai, **jusqu'à présent… !**

J'ai alors eu envie de faire le point, de rassembler, de vérifier puis d'écrire, de développer et de partager ce livre avec les conclusions que j'avais pu tirer. Je me suis attaché à informer, vérifier, étayer, certifier d'abord un premier thème. Faire ensuite de même avec les thèmes suivants, en essayant d'appliquer à chacun la même recherche, la même démarche, la même rigueur quasi scientifique. Ne pas exagérer non plus, résister à la tentation de mettre de côté ce qui ne sert pas l'idée que je développe, ne pas tricher non plus, sachant très bien qu'une imprécision, une exagération, ou une approximation pourrait ruiner la démonstration et faire perdre tout crédit. Toujours citer et donner – autant que faire se peut – ses sources. Bref, être honnête et sincère afin d'apporter à travers réflexions et constatations des propositions et des conclusions fiables et significatives.

Chacun pourra alors se positionner.

- Certains voudront vite oublier et faire fi de ces constatations. Cet exposé, ils l'auront peut-être trouvé intéressant et documenté, mais l'urgence ne leur apparaîtra pas et ils se diront aussi que tout cela est dans le fond assez controversé. Pourquoi alors prendre le parti du pire ? Pourquoi ne pas faire confiance à ceux qui nous gouvernent ? Si eux ne disent rien, n'agissent pas, n'entament aucune action, c'est bien que – pour l'instant au moins – tout va bien et qu'aucune action n'est vraiment nécessaire. Et puis, si eux n'ont pas de solution, que puis-je faire moi, simple quidam, face à l'immensité des défis à relever ?

- D'autres penseront que des solutions sont possibles et répertoriées, mais pour qu'elles soient efficaces et atteignent leur but – la sauvegarde de notre environnement – il faudrait à minima que tous les habitants de la planète agissent et tirent ensemble dans la même direction. Car est-il par exemple réellement envisageable de continuer de trier nos déchets tandis que, dans le même temps, certains pays non équipés de centrales de traitement et de recyclages des déchets continuent de déverser par convois entiers leurs camions poubelles directement dans les fleuves et les océans (les citations et photos qui étayent ces affirmations se trouvent au chapitre 5 – Le changement c'est maintenant). Et ces pays, ces populations, impuissants et résignés, attendent sans grand espoir, avec une certaine fatalité.

• Et puis, il y aura ceux qui n'avaient jamais imaginé, au milieu de ces annonces inquiétantes, angoissantes ou au milieu de ces situations apparemment sans issue, trouver un espoir. Ils ne connaissaient pas ou n'avaient jamais lu, analysé ou compris la pertinence de certains textes et de certaines références. A ceux-là, je veux dire : oui, un message d'espoir existe et il est accessible à celui qui s'informe, qui croit et fait confiance dans ces promesses deux fois millénaires et qui sont sur le point de se réaliser.

Ce livre, je l'ai voulu en le développant selon une progression logique.

• D'abord partir d'observations qui examinent et constatent en ce début de XXIème siècle les effets du développement des activités humaines sur l'environnement.
• Puis, passant par une prise de conscience sur ce qui se déroule et prend forme sous nos yeux, examiner le futur probable des actions de l'homme sur l'avenir de notre planète.
• Et enfin, constatant que rien ne sera plus comme avant, examiner ce qui pourrait advenir dans un avenir plus ou moins proche pour l'humanité.

Mais les lumières s'éteignent.

De la glace sous forme de banquise, un iceberg qui apparaît sur l'écran – il en sera plusieurs fois question au cours de ce voyage – alors chuuuut, calez-vous dans votre fauteuil, le film commence...

**NOTE sur les citations
en provenance d'Internet**

Afin de faciliter l'accès à ces citations et pour ne pas obliger le lecteur à une saisie souvent longue et source d'erreurs, j'ai utilisé les services d'une application spécialisée dans la création d'URL court.
Ceux-ci apparaîtront sous forme de raccourcis ne contenant que sept lettres ou chiffres, ce qui est beaucoup plus facile à mémoriser.
Exemple : https://cutt.ly/ryrJuW1, lien qui renvoie vers le site de l'auteur : http://fayard.eu

PREMIERE PARTIE

Le monde d'aujourd'hui

*« Ce sont des professionnels qui ont construit le Titanic,
et des amateurs l'Arche de Noé »*
Philippe Meyer (journaliste)

1 - INTRODUCTION

– Iceberg droit devant !

La vigie, les yeux exorbités et fixés sur un point à l'avant du navire, pousse à nouveau son cri d'alerte.

– Iceberg droit devant !

L'alerte est transmise à la passerelle et l'officier de quart, réalisant l'imminence du danger, hurle à son tour.

– La barre à bâbord, toute.

Le matelot à la barre réagit immédiatement, tandis que l'officier actionne vigoureusement le levier qui prévient la salle des machines donnant l'ordre, pourtant incongru pour ce paquebot tentant de ravir le ruban bleu dès sa première traversée entre l'Europe et l'Amérique, d'inverser la vapeur pour faire machine arrière, ou tout le moins de le ralentir.

Mais le bateau lancé à toute vitesse ne dévie que très lentement, trop lentement hélas, de sa route.

Sous la ligne de flottaison, le drame se joue et l'iceberg touche le navire. Éventrant le fleuron « insubmersible » de la Cunard. L'iceberg crée une déchirure sur plusieurs dizaines de mètres, qui va se révéler mortelle.

Réveillé, le capitaine arrive sur la passerelle et, sitôt informé, donne l'ordre à ses officiers de parcourir le navire afin de lui faire un compte-rendu précis sur les dégâts causés à son bateau.

Lorsqu'ils reviennent faire leur rapport, l'incroyable, l'inimaginable est annoncé : le navire coulera dans deux heures maximum !

Selon les registres, il y a à bord, entre passagers et membres d'équipage, 2228 personnes. Comment les sauver toutes ?

La décision est terrible à prendre et à annoncer, tout paraît si calme dans cette nuit froide et étoilée, sur une mer d'huile, sans un souffle de vent, incroyablement calme et paisible. Pourtant, il la prononce cette phrase :

– Il faut évacuer le navire, mettez les chaloupes à la mer. Les femmes et les enfants d'abord !

L'information se répand et le simple fait qu'ils soient arrêtés au milieu de l'océan confirme bien que quelque chose se passe. Pourtant, tout le monde reste étrangement calme à bord. Les passagers, bien qu'informés, ne croient pas à un naufrage imminent.

Le navire est stable, parfaitement horizontal, pas de gite non plus. Dès lors, pourquoi s'inquiéter ? Ils préfèrent, c'est sûr, la chaleur douillette des salons ou de leurs confortables cabines plutôt que de s'aventurer dans le froid et dans ce qu'ils estiment être de frêles embarcations et surtout face à un danger jugé inexistant, ou bien tellement lointain et dans le fond si peu probable.

La suite immédiate est fascinante car se vit alors une situation ubuesque si on se rappelle ce navire qui commence à s'enfoncer dans les flots, mais de façon tellement imperceptible au début que l'on n'y croit pas et que certains iront même jusqu'à aller se recoucher !

Ubuesque, oui, car quelques rescapés du naufrage rapporteront ces scènes incroyables où ils n'ont vu que très peu de personnes accepter de monter dans les premières chaloupes mises à la mer par le personnel et les marins.

Alors que, plus tard, ce sera la panique générale, car c'est précisément le manque de place dans les chaloupes qui sera la cause du grand nombre de morts estimé à 1500 personnes.

Pourtant, à ce moment-là, quasi personne ne croyant aux messages d'alertes transmis par l'équipage, les premières chaloupes s'éloigneront du bateau quasiment vides !

Cette histoire est tellement fascinante, de par sa soudaineté, de par l'ampleur de la catastrophe, de par le nombre de morts, par l'inconséquence aussi du constructeur, de la compagnie, de l'équipage, que des livres, des films, des reportages, des reconstitutions ne cessent de paraître depuis plus d'un siècle pour retracer la tragédie du **Titanic**.

Mais pourquoi donc reprendre et raconter ici cet épisode tragique que tout le monde au fond connait si bien ?

Eh bien c'est que l'on peut se demander s'il n'y a pas un parallèle à faire entre ce moment de l'histoire tragique du Titanic et cette période que vit actuellement l'humanité en ce début de XXIème siècle.

Ne serions-nous pas en train de revivre ce moment précis où les canots de sauvetage partirent quasiment vides sous les yeux des passagers qui, inconscients et désinvoltes, les regardaient s'éloigner du navire ? Imperceptiblement, sans quasiment que l'on puisse encore s'en rendre compte, le bateau commençait pourtant bel et bien à sombrer.

Aujourd'hui, dans notre monde moderne du XXIème siècle, malgré les alarmes et les rapports, personne n'y croit. Comme pour le Titanic, c'est trop gros, trop invraisemblable, trop absurde, trop tragique. Et comme pour le Titanic, la constatation des signes n'est pour l'instant que très peu visible, pour le grand public en tout cas. Oui, c'est vrai, on le constate, il fait plus chaud depuis quelques étés, les pôles fondent et la canicule revient chaque année.

On parle aussi de la disparition de la biodiversité. Mais de là à voir la Terre sombrer comme le fit jadis ce grand, ce majestueux géant des mers ! Non, on ne peut pas, on ne veut pas y croire.

Autre parallèle entre ces deux situations, c'est la confiance bien ancrée dans la toute-puissance de la science. Les concepteurs du Titanic l'ont annoncé et en ont même fait un argument de réussite, en répétant leur slogan : *« le Titanic est **insubmersible**, Dieu lui-même ne pourrait pas le faire couler ! »*

Si, en ce début du XXIème siècle, quelques alertes inquiètent certains, le sentiment général n'est-il pas que les scientifiques et nos gouvernants ont les choses bien en main ? Ils n'ont, bien sûr, pas réponse à tout, ni encore toutes les solutions à mettre en place, si les choses devaient continuer de s'aggraver, mais la grande majorité de la population en est bien certaine, l'humanité s'adaptera et trouvera – aidée par les élites scientifiques – des solutions pour réduire les désagréments qui commencent à poindre çà et là !

Bien sûr, il y a ces alertes qui retentissent et qui viennent même de toutes parts. Certains commencent à dire et à prédire que ce qui se passe et se vit aujourd'hui, en ce début du XXIème siècle, se confond avec ce qui s'est déroulé cette fameuse nuit du Titanic en 1912.

Les signaux sont au rouge et dans de nombreux domaines comme les problèmes écologiques, la pollution, la couche d'ozone, les gaz à effet de serre, la surpopulation, l'exploitation à outrance et l'épuisement des ressources naturelles, la raréfaction et l'extinction des espèces, les modifications du climat, les menaces de guerres nucléaires ou bactériologiques…

Les écologistes, les scientifiques, les médias informent, diffusent, alertent.

En vain !

Oh bien sûr, l'occident depuis peu s'est mis à trier ses déchets et à tenter le recyclage ! C'est un bon commencement, mais il faut à présent passer à la vitesse supérieure. Ces efforts, s'ils sont utiles, seront-ils suffisants en temps et en ampleur pour résoudre les problèmes pesant sur notre environnement ?

Des solutions existent, sont à portée de main, mais les défis sont tellement grands devant nous qu'il faudrait que les solutions préconisées se mettent en place, là, maintenant, tout de suite et surtout à une échelle mondiale. Il est là l'enjeu. Sommes-nous prêts à le faire, la totalité des habitants de la planète en ont-ils conscience et sont-ils prêts à s'investir dans ce combat ?

Comme l'a dit Nicolas Hulot, alors encore ministre, dans l'émission matinale de France Inter le 28 août 2018, émission où il annonça sa démission de son ministère de l'écologie et du redressement productif :

« *La planète brûle, et si rien n'est fait à une échelle suffisante pour inverser le processus, c'est la fin du monde qui s'annonce et qui arrive* ».

LA FIN DU MONDE ?

Parole incroyable de la part d'un ministre censé avoir les pieds sur Terre et être à la hauteur des enjeux en proposant des plans et des solutions tangibles et concrètes et surtout loin des errances de ces annonceurs d'apocalypse et prédisant la fin du monde. A-t-il voulu faire peur, a-t-il simplement voulu forcer le trait pour que les consciences s'éveillent enfin, ou bien y croit-il vraiment ?

Comment ces propos d'une fin du monde habituellement réservés à quelques sectes apocalyptiques en mal de notoriété peuvent-ils se retrouver dans la bouche d'un ministre de la république, mais aussi chez de plus en plus de dirigeants et de scientifiques de par le monde ?

Faut-il les prendre au sérieux, s'en inquiéter, agir, changer ? Mais changer quoi, comment, à quelle vitesse, quel timing et à quelle échelle ?

Mais d'abord et avant d'aller plus loin, il nous faut dresser un constat. Celui qui nous permettra de relever les signes indiquant où en est notre planète, quel est son état, à quoi il faut s'attendre. Tenter de définir aussi sa trajectoire, son avenir si les choses devaient se poursuivre ou demeurer en l'état. Et en fonction des indices relevés, nous essayerons de nous projeter dans le futur et tenterons de déterminer son devenir et donc l'avenir de l'humanité.

« Pour ce qui est de l'avenir, il ne s'agit pas de le prévoir, mais de le rendre possible »
Antoine de Saint Exupéry

2 - LE CONSTAT

Un constat, c'est la photographie d'un instant, la description, l'analyse la plus neutre possible d'un état de fait. Lorsque deux automobilistes ont un accrochage et remplissent un constat, on ne leur demande pas de dire qui a raison, qui a tort et dans quelle proportion. Ce sera le rôle des assurances. Le constat, lui, retrace et définit simplement les faits constatés, observables, quantifiables, bref, les circonstances. On fera si possible appel à des témoins qui auront à préciser leurs propres observations, mais toujours si possible sans parti pris.

Le constat à faire ici concerne l'état de notre planète. Essayer dans un premier temps de déterminer la situation actuelle à partir des faits relevables, observables et quantifiables en notre possession et se projeter dans l'avenir, si ces mêmes conditions étaient maintenues, sans changement de cap. Cette photographie d'un instant T est donc la situation où se trouve notre planète Terre, aujourd'hui, en cette première moitié de XXIème siècle, en cette année 2020.

Il est important d'essayer de faire cette étude et ces recherches avec justesse, précision et rigueur, car parmi ceux qui observent et lisent ces rapports, certains, notamment chez les dirigeants mondiaux, mais aussi parmi les populations, sont sceptiques, voire négationnistes. Si l'on veut être entendu, il faut rapporter les faits et rien que les faits, et qu'ils soient précis, justes, quantifiables et inattaquables.

Nous allons donc parcourir les rapports d'explorateurs, de rapporteurs, de scientifiques, ONG, associations écologiques et de défense de l'environnement, ainsi que les déclarations de divers gouvernements et ce dans un certain nombre de domaines. Les observateurs et les médias aussi seront consultés et analysés afin de chercher à comprendre ce qui se passe sur la planète où nous vivons, et à en dresser la situation entre passé, présent et bien sûr, autant que faire se peut, essayer de nous projeter vers l'avenir en fonction de ces divers relevés, ces différents faisceaux d'observations et d'indices.

Si nous sommes attentifs à ces informations diffusées par les médias, on ne peut que relever un faisceau d'indices concordants venant de différents domaines qui indiquent que, quel que soient les points de vue ou les domaines étudiés, ces différents relevés indiquent tous une dégradation certaine, et quelquefois dans des vitesses de propagation qui indiquent des échéances qui fascinent par leur timing redoutablement proche.

L'homme de la rue ne peut être que surpris, voire choqué en lisant les diverses communications faites par ces organismes, car ces rapports tirent des conclusions incroyablement alarmistes et qui concernent des événements pouvant, selon leurs dires, amener « la fin du monde ».

Mais d'abord, c'est quoi cette fin du monde ? Il y a dans ce terme une connotation religieuse que certainement leurs auteurs ne veulent pas mettre.

Étonnant donc de retrouver cette référence de fin du monde comme on peut l'entendre dans la bouche du ministre Nicolas Hulot, dans celle du président Macron, ou encore celles des gilets jaunes, celle de Yann Arthus-Bertrand et dans celles de bien d'autres…

Mais de quoi donc parlent exactement ceux qui évoquent « la fin du monde » ?

Fin du monde selon la bible ?

Dans l'imagerie populaire, la notion de fin du monde est bien souvent liée à ces croyances bibliques que l'on trouve encore inscrites et dépeintes sur les vitraux de nos églises et cathédrales. Elles annoncent un jugement avec paradis, purgatoire et enfer, et des peintures, tableaux et sculptures remplis de la vision moyenâgeuse de l'enfer avec diables, flammes et scènes de désolations et de tortures. Alors assurément, NON ! Ce n'est évidemment pas une vision spirituelle qui occupe leurs esprits.

L'humanité du XXIème siècle est bien loin de ces visions cauchemardesques dites « apocalyptiques ».

Fin d'une civilisation ?

Les changements observés ou annoncés indiquent-ils un changement dans la façon de vivre, d'affronter le monde, de le partager ? Quelque chose en somme comme un effondrement tel celui qui a vu le déclin et la disparition de l'empire romain au Vème siècle de notre ère ?

Cette vision rassemble de plus en plus d'adeptes qui voient dans ces soubresauts actuels de la planète la transition d'un système à bout de souffle vers quelque chose de nouveau.

Le problème de cette vision des choses, c'est que le phénomène étant planétaire, il n'y a donc pas d'autre « civilisation » qui pourrait prendre le relais. La transition tant attendue par les peuples du monde ne peut donc venir que d'eux-mêmes. La solution ne pouvant venir de l'extérieur, c'est à chacun, individus, collectivités, nations, états, de l'imaginer, de la construire et de la mettre en place.

Le défi est colossal car urgent, et les enjeux bien différents selon que l'on est nanti ou au bas de l'échelle sociale, dans un climat peu touché par le dérèglement climatique ou bien placé devant une urgence climatique comme : la montée des eaux, les sécheresses à répétitions, la raréfaction des matières premières, de l'eau potable etc.

Fin du temps de l'insouciance ?

Cela semble bien être la fin de notre manière de vivre dans l'insouciance. Le temps où rien ne se comptait semble bien révolu et dilapider les ressources de la planète n'est plus envisageable. De toute façon et à l'heure de la mondialisation, est-il acceptable que certains vivent dans l'opulence et le gaspillage alors que d'autres manquent de l'essentiel et du nécessaire pour vivre, comme le simple accès à l'eau potable ?

Si on a longtemps cru que les ressources de la Terre étaient infinies et inépuisables, l'humanité est rattrapée par la réalité et ces deux dernières décennies nous ont fait réaliser que nous vivons sur une planète qui a des limites. La Terre ne peut donner plus, ne peut absorber plus, ne peut encaisser plus, elle n'est pas illimitée.

Cela fait partie des grands défis à venir, puisque l'inégalité face aux dérèglements étant ressentie de différentes façons et les intérêts en jeu étant si diversifiés selon les populations touchées, chacun aura sa réponse, plus ou moins active, plus ou moins contraignante. Et la planète, pendant ce temps, continue de se dégrader…

Dans une Terre dont on a exploité les ressources, comme si elles étaient inépuisables, alors même que la population continuait de croître de façon exponentielle, il serait enfin temps de penser au partage entre tous, pour le bien de tous, pour le confort de tous.

Venu de la nuit des temps, l'homme pour survivre, lui, et élever ses petits, agissait en défendant, protégeant et nourrissant sa famille la plus proche en premier. Une fois cette cellule en sécurité, on pouvait se tourner pour défendre son clan, puis son village, sa région et enfin son pays. Cet instinct de survie coûte que coûte est ancré dans la mémoire de l'humanité. C'est cet instinct de survie qui lui fait penser et agir ainsi. Nous sommes face à ce que l'humain a le plus de mal à mettre en place, le partage. Qu'une crise, une difficulté apparaisse, et c'est le bon vieux « moi d'abord, les autres après » qui reprend instantanément ses droits.

Avez-vous eu connaissance de cette info, lors de la récente crise du Coronavirus, qui rapportait le cas de ces deux individus qui, sentant venir la crise, se sont mis à écumer toutes les officines vendant du gel hydro-alcoolique ? Ils ont alors acheté tous les stocks qu'ils ont pu trouver dans plusieurs états des Etats-Unis. Tout cela pour que la pénurie fasse monter les prix et qu'ils puissent, en revendant leur stock au compte-goutte, empocher au passage une confortable marge.

Tragique illustration du « moi d'abord, les autres après » !

Fin des temps

Certains parlent de la « Fin des temps », point. C'est-à-dire que, prenant conscience qu'il n'y a plus d'autres alternatives, ils se préparent à un anéantissement final. Cette perspective, peu réjouissante et fatalement anxiogène, fait que l'on se précipite pour écarter et faire taire ces gêneurs, les accusant d'obscurantisme, de défaitisme, de complotisme, et de casser le moral des populations, les accusant presque au passage de susciter les maux qu'ils dénoncent.

Au moment où la planète a tant besoin de solidarité pour survivre, il est plus que temps de combattre cet instinct et de le remplacer par celui du respect, de l'empathie, de la générosité et oui, osons le mot : de l'amour.

Depuis ces dernières années mais surtout, je trouve, depuis ces deux dernières, il n'y a quasiment plus aucun média, aucun journal télévisé qui, quotidiennement, ne relaye une info alarmiste, soit sur le réchauffement climatique et ses conséquences, soit sur un calcul de la montée des océans, soit sur le bilan carbone négatif, ou bien sur la 6ème extinction de masse (déjà commencée d'après certains scientifiques), sur les ressources naturelles qui s'épuisent… bref des infos dans lesquelles, d'ailleurs, on peut souligner que les activités humaines ont un effet direct sur les problèmes abordés et ceci depuis ces deux derniers siècles. En fait, au début de l'industrialisation. Mais aussi là où l'homme n'est pas responsable, mais où les faits sont là et où cela va amener des problèmes. Je pense par exemple à la surpopulation.

A mon sens, la grande, la seule, l'unique question aujourd'hui à se poser est :

Pourra-t-on encore longtemps continuer à ignorer ces signaux d'alertes ?

Je pose la question parce que c'est l'attitude que l'on rencontre encore chez beaucoup. Il est plus facile pour certains de se détourner de ces sujets, de ne pas en parler, de les éviter, de les ignorer plutôt que de les regarder en face. Parce qu'ils font peur, parce que l'on n'a pas toujours ou peu de solutions, ou que l'on ne peut ou ne veut rien changer, certains nient ou du moins minimisent ces signaux d'alertes, leur dangerosité et surtout, leur imminence.

La maxime populaire le dit : « *la peur n'évite pas le danger* ». Il faudra donc pourtant bien, un jour ou l'autre, faire face à ces dangers, ces menaces qui, s'ils ne pèsent pas encore trop sur notre quotidien amènent, nous le sentons bien, des changements voire des bouleversements auxquels nos enfants, eux, n'échapperont pas.

Car les problèmes sont bien là et de plus en plus présents, visibles, mesurables, nous forçant à agir ou à modifier nos comportements. Mais il semble que ce n'est que contraints et forcés que les changements s'opèreront. Pourra-t-on encore longtemps les ignorer ? Faudra-t-il qu'une situation catastrophique que plus personne ne pourra ignorer arrive, pour commencer à agir et à une échelle suffisante pour que des changements s'opèrent en profondeur ? Car, pour l'instant, le monde ressemble à cette vision d'une autruche gardant obstinément sa tête dans le sable pour ne surtout rien voir !

Et si cette prise de conscience se fait, le problème sera simple alors : où en serons-nous sur l'échelle des risques et des conséquences pour notre planète ? Sera-t-il encore temps d'agir alors que rien de concret ni de sérieux n'aura été fait lorsqu'il pouvait encore en être temps ?

Certains l'ont compris, et des manifestations et défilés de groupes de toutes sortes ont lieu comme celles menés par des jeunes, des étudiants, les écologistes, mais aussi par vous, moi, ceux qui comprennent que l'on ne peut plus regarder et consommer notre planète comme cela s'est fait jusqu'à maintenant, mais qu'il est temps de réagir en changeant nos modes de consommation et de vie. Il y en a même qui défilent, proposant aux populations de faire de la désobéissance citoyenne face au désengagement de l'état face au défi et qui, pour l'instant, ne proposent ni réponses, ni solutions satisfaisantes.

Ah ! ces gouvernements ! Que n'a-t-on pas dit et que ne dit-on pas encore sur leur inaction et leur lenteur à prendre, par exemple, la crise climatique au sérieux. Je ne veux pas me faire le défenseur de tel ou tel gouvernement ou parti en particulier, mais je pense qu'il ne faut jamais oublier que, dans une démocratie, c'est le peuple qui élit ses représentants et ses gouvernants. Et, que je sache, je n'ai jamais vu une liste politique prônant le changement, la prise de conscience écologique et la mise en place de solutions radicales nécessaires pour « sauver » la planète, qui aurait été élue.

Pourquoi dès lors demander à des dirigeants qui n'ont pas été élus pour appliquer ces réformes de les prendre maintenant en compte et de les appliquer ? Dans une démocratie, c'est au peuple d'élire ses représentants chargés d'appliquer et de mettre en place programmes et réformes qui amèneront les changements salvateurs.

Ce qui me paraît clair, c'est que si un gouvernement s'aventurait à imposer des réformes non voulues et clairement exprimées par une majorité, comme de vouloir réduire ou réglementer les déplacements, imposer par exemple une consommation exempte de pesticides ou d'OGM, développer et favoriser des solutions locales quant à la production ou la consommation, il se retrouverait rapidement avec un pays bloqué. Les « gilets jaunes » seraient vite là pour faire clairement comprendre que ce n'est pas cela qu'ils veulent. Les peuples, dans leur grande majorité, n'ayant pas conscience des difficultés, préfèrent vivre dans le déni et ne souhaitent nullement de telles contraintes.

Les élections européennes du printemps 2019 ont d'ailleurs bien démontré que ce n'était pas la préoccupation majeure des peuples puisque les listes écolos, bien qu'en progrès constant, n'ont toutefois même pas atteint les 10% de voix, (9,85%, exactement). N'est-il pas affligeant et très inquiétant de constater que, face à l'urgence climatique, il y a moins de 10% qui mettent les propositions écologiques au cœur de leur préoccupation ?

Dans un récent débat télévisé, j'ai entendu cette phrase prononcée par un des journalistes débatteur qui a affirmé que, selon lui, le plus gros obstacle aux changements, eh bien c'était… la démocratie ! Précisant que sans l'aval du peuple, rien ne se fera et c'est bien là qu'est le plus gros problème. Devant le péril et les menaces qui se profilent face à un horizon que l'on découvre de plus en plus proche, les prises de conscience, les changements tant attendus sont entre nos mains.

Un exemple simple et évident nous le fera comprendre. Ne voulant surtout pas se priver de leurs différents gadgets électroniques, les peuples cherchent comment trouver de nouvelles ressources pour continuer à les fabriquer, les alimenter et les utiliser plutôt que d'essayer d'en réduire le nombre. Ne serait-il pas plus logique de prendre le problème à sa racine en réduisant ces objets plutôt que de continuer à creuser les ressources de la Terre pour satisfaire ces besoins dont on s'était pourtant bien passé jusqu'ici ? On peut aussi se dire que, pour ne rien changer à nos habitudes, on s'applique à développer et produire des véhicules électriques qui en effet roulent sans essence, gasoil ou gaz issus des énergies fossiles. Et l'on oublie que dans le mot voiture électrique, il y a le mot « électrique », donc énergies produites encore très majoritairement aujourd'hui dans le monde à partir du charbon ou du nucléaire.

L'analyse de différents domaines mettant la planète en difficulté ne peut qu'inquiéter car apparemment sans solutions concrètes. Et ils ne cessent d'augmenter. Que ce soit face aux gaz à effet de serres qui provoquent le réchauffement climatique, le recul des glaciers et la montée du niveau des océans, le dégel du permafrost, les risques de guerres nucléaires ou de guerres bactériologiques, la situation économique, l'IA (Intelligence Artificielle), la biodiversité et la disparition du vivant, les épidémies et pandémies, les phénomènes naturels comme tremblements de terre, tsunamis, sécheresses et inondations, feux de forêt ou encore l'épuisement des ressources naturelles ou la démographie mondiale et la surpopulation, chacun de ces thèmes semble mener à une impasse à plus ou moins long terme.

Si on les énumère l'un après l'autre, on ne peut qu'être fasciné par le fait que chaque sujet, chaque problème soulevé peut à lui seul amener notre monde à une catastrophe. Cela semble inévitable et même à assez court terme, ou comme osent le dire certains, vers la fin de notre monde. Et comme ce n'est pas un mais plusieurs sujets qui menacent notre équilibre, il est plus que temps de les analyser, de faire le point, d'agir, de se positionner et de tirer les leçons et les conséquences prévisibles face aux effets attendus.

Ces sujets préoccupants pour la planète, pour l'avenir de l'homme sur la Terre sont nombreux et demandent étude et attention afin d'envisager, de proposer pour chacun de ces thèmes des solutions et d'oser regarder en face quel serait l'avenir prévisible si rien ne devait changer.

Ce sont ces sujets, ces thèmes, que je vous propose à présent d'aborder l'un après l'autre, afin de faire le point sur chacun d'eux et par conséquent sur l'avenir de l'humanité.

C'est ce chapitre que j'ouvre à présent.

> *« Souvent les gens ne veulent pas voir, entendre et parler de la vérité parce qu'ils ne veulent pas que leurs illusions soient détruites »*
> Friedrich Nietzsche

3 - UN DEREGLEMENT PLURIDISCIPLINAIRE

Afin d'étudier quelques-uns des différents dérèglements qui peuvent impacter la Terre et ses habitants dans les prochaines décennies, j'ai choisi de le faire en m'appuyant sur les constats et les alertes lancées par plusieurs organismes internationaux comme le GRI, le GIEC, le World Economic Forum, ou encore l'association Greenpeace et le WWF, Futura Science/Futura Planète, le Ministère Français de l'environnement, ainsi que différents scientifiques ou les médias.

L'actualité, mes lectures et recherches, mais aussi les pages des sites de ces organisations m'ont permis de trouver rapports et relevés sur de nombreux thèmes que d'aucuns estiment préoccupants, inquiétants, à surveiller, voire carrément alarmants tels : les effets du réchauffement climatique, la situation économique mondiale, les risques de guerre nucléaire, les risques de pandémies mondiales ou de guerres bactériologiques, l'intelligence artificielle, les phénomènes naturels, la raréfaction de l'eau douce et les guerres potentielles pouvant éclater pour la conserver ou se l'accaparer, l'épuisement des ressources naturelles, la démographie, la surpopulation, etc.

Avant de commencer à décrire, lister, relever et présenter quelques-uns de ces thèmes, il me semble nécessaire et important de souligner deux éléments.

D'abord préciser que ces données sont en perpétuelle évolution. Les rapports, les informations se succèdent à un rythme soutenu et il n'est de semaine sans que de nouveaux chiffres ne viennent remplacer ceux annoncés précédemment. Je m'efforce de les corriger et de les ajuster le plus fidèlement possible, mais si ces chiffres et infos sont à peu près à jour au moment de la rédaction (début 2020), de nouveaux relevés et de nouvelles découvertes auront toujours cours et je demande par avance au lecteur de bien vouloir m'excuser si certaines actualisations m'ont échappé.

Deuxième élément que je souhaite souligner, c'est l'arbitraire et la non exhaustivité que je reconnais en choisissant ces thèmes. J'ai dû faire des choix, et comme choisir c'est éliminer… De plus vouloir être exhaustif aurait multiplié les pages de ce livre et sera-t-on d'ailleurs jamais exhaustif lorsque l'on aborde de tels sujets ?

Voici donc listés ici les 16 thèmes que j'ai choisi d'évoquer et d'analyser avec en résumé pour chacun un bilan en cinq points :
Observation, Conséquence, Echéance, Remède, Probabilité.

1. Gaz à effet de serre
2. Recul des glaciers
3. Montée du niveau des eaux
4. Permafrost
5. L'eau potable
6. Exploitation des forêts
7. Risque de guerres nucléaires
8. Bactériologie & Pandémie
9. Situation économique
10. Intelligence Artificielle - IA
11. Biodiversité
12. Phénomènes naturels
13. Epuisement des ressources
14. Démographie, surpopulation
15. Collapsologie
16. Autres pistes…

Vous êtes prêts ? Alors, on se lance…

1. Gaz à effet de serre

Ce qui frappe le plus actuellement, peut-être parce que le plus relayé par les médias, c'est le réchauffement climatique.

Chacun peut en effet le constater ou comme le dit le bon sens populaire : « y'a vraiment plus de saison ! ». Les étés sont de plus en plus chauds et les météorologues, statistiques en main, le disent, depuis ces dernières décennies, la Terre bat, chaque année quasiment, le record de chaleur de l'année précédente. Et ce ne sont pas les deux canicules du mois de juillet du dernier été 2019 qui feront baisser les statistiques !

On le sait, on le constate, la température augmente régulièrement. Oh, mais ce n'est que de 0,1 ou 0,2° d'une année sur l'autre, se rassure le bon peuple tout en augmentant la puissance de sa clim. Il oublie simplement qu'à raison d'une simple augmentation de 0,1° par année, cela donne une augmentation de 1° tous les dix ans et donc de 5° dans 50 ans, pour arriver à ce rythme-là à une augmentation de 7 à 8° à la fin de ce siècle ! Et cela c'est,

ABSOLUMENT IMPENSABLE !

Car à ce moment-là, les pires scénarios se seront déjà largement installés, amenant des catastrophes humanitaires sans précédent dans l'histoire du monde.

Ce phénomène du réchauffement climatique n'est donc ni anodin ou anecdotique, ni sans conséquences car en corrélation avec la montée des températures, c'est le manque d'eau et de pluie qui menace l'agriculture et les divers équilibres hydrauliques nécessaires à la vie sur Terre, mais aussi la menace de la montée des eaux des océans suite à la fonte des glaciers, mais aussi parce qu'une eau plus chaude occupe plus de place.

On tente de se rassurer en se disant que l'on n'en est pas encore là, loin s'en faut !

En sommes-nous vraiment si sûrs ?

Voici ce que l'on a pu lire dans les colonnes du quotidien « Le Monde » en date du 13 septembre 2019 :

> Les canicules à répétition, records de températures et autres vagues de sécheresse qui déferlent sur la planète ne sont qu'un triste avant-goût des catastrophes qui attendent l'humanité. Si rien n'est fait pour limiter les émissions de gaz à effet de serre, le réchauffement climatique pourrait atteindre 7°C d'ici à la fin du siècle, entraînant des conséquences désastreuses pour les espèces et les écosystèmes.
>
> Ces résultats, qui aggravent les précédentes projections, seront publiés le mardi 17 septembre, par les plus grands laboratoires français de climatologie, engagés dans un vaste exercice de simulation du climat passé et futur.

Ou encore dans cette page du site de Futura-Sciences qui annonce :

« Il faut s'y préparer : l'élévation du niveau des océans est inéluctable. Quoi que l'on fasse. Le scénario se noircit encore un peu plus avec cette nouvelle étude qui compare le réchauffement climatique actuel avec la dernière période interglaciaire : la montée des eaux serait plus rapide et plus haute que prévu ». https://cutt.ly/DyrHM1f

> **Dernière minute...** (Info du 06-02-2020)
>
> Le mois de février 2020 est le mois le plus chaud relevé depuis que la météo a commencé ses relevés, au milieu du XIXème siècle avec un record absolu pour la ville de Biarritz pour un 3 février avec cette année 26,6°, ou bien 27° ce même jour dans le Var !

Bilan 1 - Gaz à effet de serre	
Observation	De plus en plus de gaz dans l'atmosphère
Conséquence	Réchauffement de la planète
Echéance	Immédiate
Remède	Stopper le réchauffement climatique
Probabilité	~~Improbable~~ / ~~probable~~ / **CERTAIN**

2. Recul, disparition des glaciers

Un des effets du réchauffement climatique que l'on peut tous observer, c'est la fonte des glaces. Êtes-vous déjà allé visiter le plus grand glacier d'Europe, la mer de Glace à Chamonix ?

Pour ma part, originaire de Haute-Savoie, je m'y suis rendu à de nombreuses reprises. Pour y accéder, il faut d'abord bien sûr se rendre à Chamonix en remontant la vallée industrielle de l'Arve. Arrivé là, il vous faudra prendre le chemin de fer à crémaillère du Montenvers, ligne inaugurée en 1909 et qui emmène touristes et alpinistes en une vingtaine de minute à 1913 mètres d'altitude à la gare terminus « Montenvers – Mer de glace » au cœur de ce site d'altitude grandiose.

Là se trouve une attraction très ancienne puisque datant de 1863, année de sa première réalisation : la grotte de la mer de glace. Cette grotte n'est pas unique puisque taillée au cœur de la glace au milieu du glacier en mouvement perpétuel. Et comme le glacier avance d'environ 30 centimètres par jour, il parcourt donc à peu près 100 mètres par an, raison pour laquelle une nouvelle grotte est retaillée chaque année, une centaine de mètres plus haut dans le glacier.

Ce complexe Gare du Montenvers/Grotte de la Mer de Glace, est visité par plus de 300.000 visiteurs chaque année et est un des premiers sites touristiques de Haute-Savoie. Pourtant ce site est menacé et pourrait bientôt disparaître pour cause de réchauffement climatique.

Il faut savoir, et des photos du début du XXème siècle en témoignent, qu'à cette époque, le niveau de la mer de glace était quasiment au niveau de la gare du Montenvers. Ce qui signifie qu'après à peine 5 à 10 minutes de marche après être descendu du train, on était devant l'entrée de la grotte.

Puis les années ont passé et le niveau du glacier a commencé à descendre. A tel point que d'année en année, la grotte de la mer de glace s'est trouvée à 20 minutes de la gare, puis une demi-heure et surtout toujours plus basse. Il fallait donc dans les années 1980 pour se rendre à cette attraction descendre (et surtout remonter) les pentes abruptes par un escalier de près de 400 marches reliant l'entrée de la grotte à la gare du Montenvers. Les touristes finissant par hésiter à entreprendre cette expédition fatigante, il fut décidé de construire une télécabine reliant la gare terminus du train jusqu'au glacier et à l'entrée de la grotte 146 mètres plus bas. Notons au passage que le glacier avait donc perdu environ 150 mètres de hauteur de glace en un siècle. Cet ouvrage technique (télécabine) fut réalisé et inauguré en 1988. Le problème était ainsi résolu, la fréquentation touristique repartit à la hausse.

Oui, mais la Mer de Glace continuant de fondre et donc de baisser et malgré la présence de la télécabine, des travaux de mise en place de marches reprirent afin d'emmener les touristes du terminal de la télécabine jusqu'à l'entrée de la grotte.

Aujourd'hui, en 2020, la situation est la suivante : après être descendu du train à la gare du Montenvers, il vous faudra payer la télécabine qui vous amènera 146 mètres plus bas. Ce premier tronçon effectué, il vous faudra à nouveau emprunter les 400 à 500 marches qui vous permettront de poursuivre votre descente jusqu'à l'entrée de la grotte. Votre visite effectuée, retour par les 4 à 500 marches pour rejoindre la télécabine qui vous ramènera au niveau de la gare du Montenvers. Puis redescendre vers le terminus en gare de Chamonix.

J'ai évoqué il y a un instant mes visites régulières à la mer de glace. La dernière datait pourtant d'une quinzaine d'années. Interpellé par un reportage télévisé sur les effets du réchauffement climatique sur la mer de glace, j'y suis retourné il y a quelques mois, c'était au printemps 2019. Et je peux bien l'avouer, mon cœur s'est serré devant ce spectacle. La Mer de glace a aujourd'hui quasiment disparu, laissant place à une vallée profonde, salie par la Terre et les rochers qu'aucune glace ne recouvre plus.

https://cutt.ly/UyrH9lD / https://cutt.ly/FyrH0kZ

Et dans dix ou vingt ans ? Il n'y aura sûrement plus de possibilité de creuser de grotte à la verticale de la gare du Montenvers. Le glacier aura tellement fondu et reculé qu'il n'y aura plus assez, voire plus du tout de glace et c'en sera fini de cette attraction qui n'aura pas atteint son deuxième centenaire.

Cette constatation, tout le monde peut la faire et c'est ce que rapporte le quotidien « Le Monde » dans son édition du 30 août 2019, « Les deux plus grands glaciers des Alpes françaises pourraient avoir disparu à la fin du siècle »
https://cutt.ly/xyrH64q

La Suisse voisine rencontre les mêmes problèmes. Le réchauffement climatique fait craindre la disparition de ces symboles du paysage helvétique. Les autorités locales se battent pourtant, allant jusqu'à poser d'immenses bâches sur les glaciers afin d'en retarder la fonte, et si cela fonctionne jusqu'à un certain point, le défi est tel qu'il semble bien dérisoire face au phénomène et les spécialistes évoquent au final un combat perdu d'avance à court ou moyen terme.

Dernière minute... / Info du 05-11-2019
Ce jour-là, 5 novembre 2019, la journaliste présentant le journal de France 2 annonce la disparition inéluctable de la Mer de Glace pour la fin de ce siècle !

Info du 30-05-2020
La Sibérie est une des régions les plus glaciales de la Terre, le froid peut y atteindre les -70°C. Pourtant ce 27 mai 2020 par une vague de chaleur sans précédent il a été relevé la température exceptionnelle de +35°C !
https://cutt.ly/wyKj1Ei

Bilan 2 - Recul des glaciers

Observation	Recul et disparition des glaciers
Conséquence	Raréfaction de l'eau, montée des océans
Echéance	30 à 50 années
Remède	Stopper le réchauffement climatique
Probabilité	~~Improbable~~ / ~~probable~~ / **CERTAIN**

3. Montée du niveau des océans

Il y a d'autres effets du réchauffement climatique que l'on ne voit pas encore à l'œil nu, mais qui inquiètent pourtant grandement les scientifiques munis d'instruments de mesure ultra précis (y compris les observations et les mesures effectuées depuis les satellites), c'est la montée du niveau des océans dans le monde.

C'est sûrement un des effets les plus redoutés par les scientifiques, et s'il ne s'est pas encore mis en mouvement avec une grande amplitude, les effets auront des conséquences et des répercussions sur la planète toute entière d'une manière dramatique.

On le sait, la glace c'est de l'eau gelée, solidifiée par le froid. Et quand la glace fond, elle redevient eau. Le réchauffement climatique faisant fondre les glaces à grande échelle, les scientifiques prévoient une augmentation du niveau des océans.

Mais une précision tout de même, ce n'est pas l'eau de la banquise flottant autour du Pôle Nord dont il est question ici. Car si je mets des glaçons dans un verre d'eau et que je laisse fondre la totalité des glaçons, le niveau dans le verre ne se sera pas élevé. La glace en fondant est redevenue eau et n'a pas pour autant changé de volume. A l'inverse, quand je remplis d'eau le bac à glaçons et que je le mets au congélateur, lorsque je le ressors quelques heures plus tard, l'eau a durci, est devenue de la glace mais n'a pas changé de volume. En réalité, l'eau augmente très légèrement de volume en devenant glace et à l'inverse, en redevenant eau, réduit légèrement de volume. Mais ce n'est pas cette différence entre volume d'eau et de glace qui nous intéresse ici, la différence étant infime.

Si donc les glaces du Pôle Nord redeviennent eau en fondant, le niveau des océans n'aura quasiment pas changé. Par contre, il en va tout autrement pour les glaces recouvrant des Terres gelées comme le Groenland ou bien plus encore en ce qui concerne ce continent lointain qu'est le Pôle Sud, puisque les glaces se situent toutes au-dessus du niveau des océans.

Nous n'en avons peut-être pas conscience, mais l'Antarctique a une superficie quasi égale à celle de l'Amérique du Sud. Soit environ 14 millions de km² pour le Pôle Sud, pour 17 millions de km² pour l'Amérique du Sud. Maintenant que l'on visualise mieux l'Antarctique, en ayant la surface du continent sud-américain en mémoire, imaginons-le recouvert d'une hauteur de glace de 1600 mètres en moyenne sur toute sa surface avec des pointes d'épaisseur de glace pouvant dépasser les 4000 mètres. C'est impressionnant n'est-ce pas cette masse de glace ? Eh bien c'est cette glace qui, se trouvant en totalité au-dessus du niveau de la mer et qui, si elle devait fondre, ferait s'élever le niveau des océans.

Comme plusieurs chiffres circulent sur le niveau de montée des océans en cas de fonte de la totalité des glaces du Pôle Sud, j'ai voulu en faire le calcul moi-même et cela donne :

Élévation du niveau des océans si la totalité des glaces de l'Antarctique devait fondre

- Glaces de l'Antarctique : 30.000.000 km²,
- Divisé par la surface totale des mers du globe soit : 147.000.000 km²,
- Soit une augmentation du niveau des océans sur l'ensemble de la planète de **84 mètres**.

Nous n'en sommes évidemment pas là, et absolument rien ne laisse imaginer que la totalité des glaces de l'Antarctique pourrait fondre. Ce qu'il faut plutôt craindre, c'est que le réchauffement climatique ne fasse fondre ne serait-ce que 5 à 10 % de glaces du Pôle Sud, car le niveau des océans s'élèverait alors entre 4 et 8 mètres, noyant alors tous les ports du monde et repoussant les populations plus loin à l'intérieur des Terres.

En août 2019, la rédaction de BFMTV a fait paraître un article qui avait pour titre :

« Fonte des glaces, montée des eaux, villes inondées, pénuries : les prédictions dramatiques de l'ONU »
https://cutt.ly/RyrJeQg

Tous les rapports du GIEC dressent un bilan catastrophique des conséquences de la fonte des glaces et de la montée des eaux.

C'est un avenir bien sombre que nous laissent entrevoir les experts du climat. Le réchauffement provoqué par les activités humaines va avoir des conséquences dramatiques sur les océans et la cryosphère, soit la banquise, les glaciers, les calottes polaires et les sols gelés en permanence, selon les conclusions d'un rapport spécial du Groupe d'experts intergouvernemental sur l'évolution du climat (GIEC, dépendant de l'ONU), dont les principaux points ont été dévoilés par l'AFP.

Les experts s'inquiètent notamment de la fonte des calottes du Groenland et de l'Antarctique, qui ont perdu plus de 400 milliards de tonnes de masse par an dans la décennie précédant 2015. Il s'agit de la principale source de la hausse du niveau des océans. Ce niveau va continuer à croître durant les siècles à venir, quelles que soient les mesures prises.

Shanghai, la ville la plus peuplée de Chine, est située dans un vaste delta, formé par l'embouchure du fleuve Yangtsé. Cette ville pourrait faire face à une élévation du niveau de la mer de plusieurs mètres, bien au-dessus de ce qui est attendu en moyenne dans le monde.

New-York pourrait être exposée à des crues comprises entre 2 et 3 mètres tous les cinq ans à compter de 2030 à 2045, c'est-à-dire dans 10 à 25 ans.

Les états insulaires de l'Océan Pacifique seront engloutis comme les régions côtières des Pays-Bas, du Bangladesh ou encore du Vietnam.

Certains veulent se rassurer et rassurer les populations en rappelant que ces scénarios catastrophes se sont déjà produits au cours des millénaires passés et ont même laissé des traces. La grotte Cosquer dans les calanques de Marseille, découverte en 1985, en est un exemple.

La grotte, au moment de son occupation, était située à 6 km de la côte et bien au-dessus du niveau actuel de la Méditerranée. Elle est aujourd'hui baignée et quasi submergée, preuve s'il en est que le niveau s'est élevé d'autant.

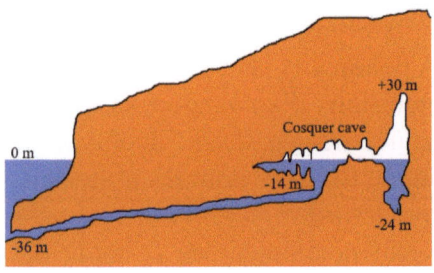

https://cutt.ly/YyrVwP7

La grande différence avec la montée des eaux qui commence à se produire aujourd'hui et celles de la dernière glaciation, c'est l'échelle de temps. On estime à quelques 1000 ou 2000 ans le temps nécessaire au cours de la fin de la dernière glaciation pour que les niveaux des mers augmentent des 120 mètres requis, alors que l'on parle ici d'un niveau catastrophique atteint d'ici la fin de notre XXIème siècle. Soit moins de 100 ans.

La deuxième conséquence qui change radicalement la donne, c'est le nombre d'habitants sur Terre. Je vous laisse imaginer l'impact sur les populations et les déplacements (on parle alors de réfugiés climatiques) de celles-ci avec leurs conséquences dramatiques si de tels événements devaient se produire avec les 8 milliards d'humains que compte notre planète en ce début de XXIème siècle.

Et bien plus à la fin du XXIème siècle, population mondiale probablement multipliée par 2 ou par 4 (voir l'exposé du thème n°14 de ce même chapitre). Car si les eaux montent, les populations se retireront à l'arrière des côtes bien sûr. Mais si à la fin de la dernière glaciation, cela ne posait aucun problème, qu'en sera-t-il sur notre Terre surpeuplée des XXIème et XXIIème siècles ?

On peut trouver sur Internet un simulateur permettant de visualiser le contour des Terres en cas de montée du niveau des océans.

Simulateur de montée des océans :
https://cutt.ly/uyrHBnN

Bilan 3 - Montée des océans	
Observation	Actuellement non visible à l'oeil nu
Conséquence	Disparition des villes côtières et des ports
Echéance	A partir de 2050
Remède	Stopper le réchauffement climatique
Probabilité	~~Improbable~~ / ~~probable~~ / **CERTAIN**

4. Permafrost

Mais voici un autre phénomène qui rend le combat inégal entre l'humain et le réchauffement de la planète et met les efforts entrepris au centre d'un cercle vicieux infernal.

Les températures s'élevant de partout et dans toutes les contrées du monde, voici qu'un phénomène inattendu se produit depuis quelques années, c'est le dégel du permafrost.

Ce terme de permafrost désigne le sol gelé en permanence que l'on trouve bien sûr dans les régions polaires de la planète, mais pas seulement puisqu'on en trouve en fait dans tous les lieux d'altitude. C'est un sol qui habituellement ne dégèle jamais, comme c'est le cas dans certaines régions de Sibérie.

Or, sous l'effet du réchauffement climatique, le permafrost en se réchauffant dégage précisément du gaz à effet de serre qui était emprisonné dans les sols gelés. En se réchauffant, ces gaz sont libérés et en s'échappant massivement, contribuent à endommager la couche d'ozone, ce qui, nous le savons bien, est la cause du réchauffement climatique. Le cercle vicieux est en place et nul ne sait comment l'arrêter, si ce n'est bien sûr en empêchant le réchauffement climatique de la planète. Vous voyez l'impossible équation !

Un autre problème inquiète très concrètement les habitants de certaines villes de Sibérie confrontées au réchauffement du permafrost, c'est que beaucoup d'habitats ayant été construits depuis plusieurs décennies alors que le sol était gelé et dur comme de la roche, des habitations individuelles mais aussi des immeubles ont été construits en creusant dans le permafrost comme on creuse les fondations sur la roche. Mais voilà que depuis quelques années, le sol repassant au-dessus de zéro durant une partie de l'été, le réchauffement ramollit les sols et les immeubles sont en train de perdre leurs fondations et menacent de s'écrouler, le sol réchauffé se dérobant sous le poids de la construction.

Autre constatation que l'on a pu observer.

Cet épisode s'est produit les 29 et 30 juin 2005 dans la vallée de Chamonix, et plus exactement à la verticale du glacier de la Mer de glace. Durant ces deux journées-là, c'est tout le pilier Walter Bonatti qui s'est effondré, amputant le massif des Drus d'une quantité estimée à 292.000 m^3, soit l'équivalent de 5 fois le volume de l'Arc de Triomphe, et alors même que les guides s'apprêtaient à marquer les 50 ans de l'ouverture de cette voie qui porte le nom du célèbre guide italien qui avait ouvert la voie sur cette face ouest des Drus en 1955.

La glace à ces altitudes où le thermomètre ne passait jamais au-dessus de zéro, en s'infiltrant dans les failles et dans les fissures des rochers, servait de ciment. Le réchauffement passant par là et la glace ne faisant plus office de ciment, c'est la montagne qui s'écroule.

Ci-contre, une photo sur laquelle on distingue - en plus clair - la trace du pilier disparu.

https://cutt.ly/4yrHZjc

Dernière remarque sur le permafrost. Il existe un danger pris très au sérieux par les scientifiques, c'est celui de voir lors du dégel du permafrost des bactéries et des virus, jusqu'alors inconnus et emprisonnés dans les glaces, libérés dans l'espace et contaminer les populations. Ces alertes ont fait l'objet de plusieurs communications scientifiques.
https://cutt.ly/jyYkpD6

Mais l'actualité nous rattrape en permanence, car alors que je rédigeais ces lignes, évoquant le dégel du permafrost, voici que deux reportages montrant d'autres effets du réchauffement du permafrost paraissaient dans les médias.

D'abord ce reportage télévisé montrant les travaux entrepris pour consolider les infrastructures d'altitude menacées par le dégel du permafrost. Et cela se passe ici en France dans plusieurs stations de ski alpines comme Chamonix, les Deux Alpes, Val Thorens ou Tignes.

Voici dans l'encadré ci-dessous un extrait d'un article paru dans le « Dauphiné Libéré » du 12 septembre 2019 :

> Avec la hausse des températures, le sol habituellement toujours gelé sur lequel reposent quelque 947 équipements dans les Alpes françaises, remontées mécaniques, refuges, dispositifs de sécurisation contre les avalanches ou pylônes EDF, se dégrade rapidement.
>
> Une étude menée par le géomorphologue Pierre Alain Duvillard, chercheur aux laboratoires EDYTEM (Université de Savoie) et Pacte (Grenoble), recense 148 infrastructures ou éléments exposés à un risque important de déstabilisation, le dégel entraînant une fracturation de la roche. Une vingtaine de dommages ont déjà été constatés en quinze ans avec le réchauffement, deux fois plus sensible en montagne.

Et puis cet autre article lu dans Le Monde du 7 octobre 2019 et qui titrait : « Pourquoi les Alpes sont en train de s'effondrer ? »

En voici un extrait dans l'encadré ci-dessous :

> Dans le massif du Mont-Blanc, les écroulements rocheux se multiplient. En cause, la fonte des sols gelés qui retiennent la montagne et qu'on appelle le permafrost. En juin 2005, le pilier Bonatti, une des parois emblématiques du massif du Mont-Blanc, s'est écroulé. En quelques secondes, 800 000 tonnes de granit se sont arrachées de la montagne.
>
> Ce qu'il s'est passé en 2005 n'est pas un événement exceptionnel, mais le symbole d'un phénomène qui fragilise dangereusement le massif alpin ces dernières années. Le permafrost, le ciment des montagnes, est en train de fondre. Et les conséquences de cette disparition pourraient être catastrophiques.

Bilan 4 - Permafrost

Observation	Réchauffement et ramollissement des sols
Conséquence	Sol se dérobe + gaz à effet de serre
Echéance	Immédiate
Remède	Stopper le réchauffement climatique
Probabilité	~~Improbable~~ / ~~probable~~ / **CERTAIN**

5. L'eau potable

L'eau est abondante sur terre mais la plus grande partie de cette ressource se trouve dans les océans, et salée. L'eau douce, elle, ne représente que 2,5% et les deux tiers de cette eau douce sont stockés sur terre prises dans les glaces du Groenland et de l'Antarctique.

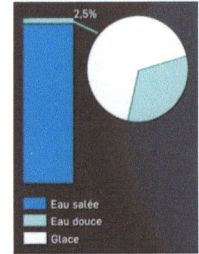

Cette eau stockée sous forme de glace n'étant pas accessible pour les activités humaines, c'est donc moins de 1% de l'eau terrestre qui constitue les réserves d'eau et se retrouve sous forme de nappes phréatiques souterraines, des lacs et des fleuves et rivières.

L'eau, nous le savons, se répand et se renouvelle par les pluies, mais la répartition de cet apport est très inégale car, si l'on regarde les deux extrémités, on s'aperçoit qu'il tombe par exemple 12.000 litres d'eau de pluie au m² par an au nord de l'Inde au pied de l'Himalaya, alors qu'au Moyen-Orient, au Maghreb ou en Asie Centrale, il ne tombe annuellement que 100 litres d'eau au m².

On observe alors de très fortes disparités quant à la quantité d'eau potable disponible par habitant, allant de 59 m³ par an dans la bande de Gaza contre 500.000 m³ par an en Islande. La moyenne mondiale se situant autour de 530 m³. 70% de cette eau est utilisée pour l'agriculture, 20% pour faire fonctionner l'industrie. Il reste donc 10% pour les usages domestiques.

Mais comme chacun peut l'observer, en même temps que le climat change et que la planète se réchauffe, les pluies se font plus rares et les populations augmentent. Et si elles augmentent, il y a par conséquent besoin de plus d'eau pour les cultures, pour l'industrie et pour l'usage des populations.

Beaucoup d'observateurs, de scientifiques comme les climatologues estiment que les prochains grands conflits à craindre pourraient avoir lieu autour de l'eau.

https://cutt.ly/4yr1XSi

Il y a actuellement déjà des tensions autour de ce thème car des états construisent d'immenses barrages sur le fleuve qui les traversent afin de développer leur industrie et leur agriculture. Mais, ce faisant, ils mettent en danger les territoires et populations en aval.

C'est le cas en Ethiopie où « Le Grand Barrage de la renaissance Ethiopienne » sur le Nil bleu, et qui sera achevé en 2022, inquiète fortement le Soudan comme l'Egypte. Il y a aussi de grandes menaces sur les écosystèmes locaux qui sont fatalement bouleversés par les gigantesques lacs artificiels créés en amont de ces ouvrages, comme ce fut le cas sur le barrage des Trois Gorges sur le Yangtsé en Chine.

	Bilan 5 - Eau potable	
Observation	Les besoins en eau potable augmentent	
Conséquence	Tensions, entre les peuples riverains	
Echéance	10 à 30 années	
Remède	Pas de solution	
Probabilité	~~Improbable~~ / ~~probable~~ / **CERTAIN**	

6. Exploitation des forêts

Pourquoi mettre la forêt au milieu de cette liste de ce qui met la planète en danger ?

Simplement parce que la forêt est une des sources importantes de l'oxygène indispensable à la vie sur Terre, même si l'on sait aujourd'hui que ce sont les océans qui en produisent la plus grande partie. Le plaisir que l'on a de marcher, respirer en forêt est évident car c'est bien là que l'on est, pour un citadin en tous cas, au plus proche des sources d'oxygène. Garder des parcs au centre ou en périphérie de villes, comme Central Park pour New-York, Hyde Park pour Londres ou bien les Bois de Boulogne et Vincennes pour Paris, s'inscrit juste dans la logique de l'indispensable à la vie humaine.

Mais, tous les médias s'en font l'écho et on le sait depuis de nombreuses années, la forêt amazonienne, qui est la plus grande forêt tropicale du monde, est en danger. Cette immense forêt se partage entre neufs pays d'Amérique du sud, mais la plus grande partie (près de 80% de sa superficie totale) se trouve en territoire Brésilien. Or, le Brésil étant en pleine expansion et le bois de la forêt amazonienne étant très recherché, il n'y a pas de place pour toute réflexion autre que la rentabilité à court terme. Cette forêt est si grande qu'elle semble inépuisable et son exploitation prend des proportions gigantesques.

Mais voici les propos de spécialistes : Carlos Nobre et Thomas Lovejoy (climatologues de l'Université de São Paulo) qui, en février 2018 et en 2019, ont alerté sur le fait que l'Amazonie est peut-être beaucoup plus proche d'un point de non-retour qu'on le pensait jusqu'alors. « Supprimer 20 à 25% de la forêt tropicale pourrait conduire à un point de basculement vers la savane. Il reste peu de temps pour sauver ce massif. Si la mortalité des arbres que nous constatons se poursuit pendant encore 10 à 15 ans (jusqu'en 2030-2035), alors le sud de l'Amazonie se transformera en savane ».

Les feux de forêts détruisent cet environnement essentiel à l'humanité, sans parler des communautés autochtones qui perdent leur habitat naturel ancestral.

Paulo Brando (écologie à l'Université de Californie) estime, lui, qu'il faudrait moins de 20% de destruction de la forêt pour perdre définitivement l'Amazonie.

Tous admettent l'existence d'un point de bascule et la nécessité d'agir en urgence pour ne pas atteindre ce point de non-retour qui induirait non seulement un effondrement régional de la biodiversité, mais aussi le dégagement des milliards de tonnes de CO^2 répandus dans l'atmosphère par les feux et la décomposition de milliards d'arbres, modifiant le climat et notamment la pluviométrie, à bien plus grande échelle, voire dans le monde.

https://cutt.ly/Dyr6DfV

Mais la forêt, c'est aussi du bois dont a besoin l'industrie de la construction, mais aussi pour confectionner du mobilier. Les espèces rares et recherchées se trouvent dans ces forêts primaires et, sans chercher à restreindre ou protéger cette matière première, les industriels et les négociants en bois se servent sans compter.

Les gouvernements essaient de lutter contre les coupes sauvages et réglementent l'exploitation. Mais cela n'est pas du goût de tous, notamment des négociants qui se servent le plus souvent illégalement dans ces forêts protégées pour en extraire le plus grands nombres d'arbres.

Une amie roumaine m'a raconté récemment le meurtre d'une personne de sa connaissance. Garde forestier en Roumanie, il a été assassiné pour s'être mis en travers de la route de ces trafiquants de bois. La presse s'en est fait l'écho et en a fait ses titres :

« En Roumanie, la mafia du bois assassine des gardes-forestiers et détruit les plus vieilles forêts primaires d'Europe »
https://cutt.ly/Dyr6DfV

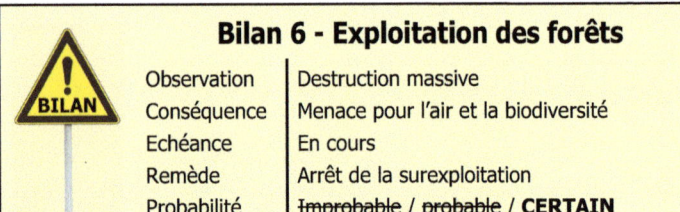

BILAN	**Bilan 6 - Exploitation des forêts**	
	Observation	Destruction massive
	Conséquence	Menace pour l'air et la biodiversité
	Echéance	En cours
	Remède	Arrêt de la surexploitation
	Probabilité	~~Improbable~~ / ~~probable~~ / **CERTAIN**

7. Risque de guerres nucléaires

La bombe atomique n'a plus jamais été utilisée depuis l'été 1945. Elle ne l'a été qu'une seule fois, ou plutôt deux fois espacées de quelques jours, sur les villes japonaises de Hiroshima et de Nagasaki, lors du conflit de la seconde guerre mondiale.

A l'époque, seuls les États-Unis possédaient la bombe atomique. Mais, aujourd'hui, une dizaine de pays possèdent l'arme nucléaire. Les scientifiques et physiciens capables de la produire sont assez nombreux de par le monde. Ne leur manquent que les moyens (ressources financières, matière première) pour la mettre en œuvre et en production. On estime à plus de 15.000 le nombre d'armes nucléaires réparties à travers le monde.

Les grandes puissances possèdent cet engin de mort et en quantité énorme puisqu'on estime que les États-Unis comme la Russie ont suffisamment de stock de bombes nucléaires pour que chacun de ces deux pays puisse anéantir la planète dans sa totalité, éradiquant la totalité de la vie sur Terre plus de 25 fois. Elles sont réparties entre une dizaine de pays, mais pas de façon égalitaire, les États-Unis et la Russie possédant à eux seuls 92% des armes nucléaires existantes.

Stocks d'armes nucléaires dans le monde
(données de début 2018)

État	Arsenal nucléaire	Armes stratégiques déployées	Inventaire total
Russie	2000	6 600	
États-Unis	1880	6 450	
France	300	300	
Chine	250	270	
Royaume-Uni	150	215	
Pakistan	100	140	
Inde	90	130	
Israël	80	80	
Corée du Nord	10	15	

https://cutt.ly/lyteKAu

Ces puissances nucléaires font tout pour dissuader, empêcher, voire combattre les pays émergeants susceptibles d'armer leur pays de cette technologie. Mais combien de temps pourront-ils empêcher ces pays de posséder leurs propres armements nucléaires ? Combien d'années avant que d'autres pays s'arment et rompent à leur profit ce dangereux équilibre de la Terreur.

Et qu'en feraient-ils ? Une arme de dissuasion, comme l'affirment les pays occidentaux, ou bien une arme offensive ? Qui sera assez fou pour l'utiliser à la manière d'une grenade ? On peut bien sûr penser et espérer que personne ne le fera. Mais en est-on si sûr ?

On parle régulièrement de kamikazes se faisant exploser avec leurs charges mortifères au milieu des foules et tentant ainsi de tuer le plus grand nombre de personnes. Et ils le font dans des endroits confinés comme des avions ou sur un marché bondé aux plus grandes heures d'affluence. Donner sa vie pour une cause sainte, voilà un fanatisme religieux des plus dangereux. Et si par malheur, une arme nucléaire était remise à ces fous de dieu ! Les attentats du 11 septembre à New-York et d'autres à travers le monde nous rappellent jusqu'où le fanatisme peut faire agir.

Certains pensent aussi que cette arme est tellement redoutable qu'elle porte en elle le refus de l'utiliser. C'est hélas faire peu de cas de l'expérience humaine qui, tout au long de l'histoire, lorsqu'elle a développé des armes et quel que soit leur degré de développement et de sophistication, les a toujours utilisés.

Passant de la fronde à la lance, du bâton en bois à l'épée en fer, en passant par l'utilisation de la poudre et des armes à feu, l'homme a toujours utilisé les armes de destruction qu'il avait mises au point et qu'il avait en sa possession, et Hiroshima est bien la preuve que l'arme atomique n'entraîne aucune retenue, ni réserve.

J'ai lu un jour cette histoire que l'inventeur de la mitraillette, cette arme qui permet de tirer des dizaines de balles à la seconde, était tellement puissante et destructrice qu'il pensait qu'elle serait plutôt dissuasive et que l'on ne l'utiliserait pas en combat. On connaît la suite…

L'arme nucléaire donc serait trop destructrice et ce que l'on appelle « l'équilibre de la Terreur » a en effet assez bien fonctionné jusque-là, si l'on excepte que les seuls qui la possédaient lors de sa conception l'ont effectivement utilisée. En sera-t-il toujours ainsi ? Lorsque le nombre de possesseurs de l'arme atomique aura encore grandi et sera à portée de gouvernements s'estimant lésés, cette « sagesse » affichée aura-t-elle toujours cours ?

L'ingéniosité de l'homme pour tuer ou pour faire du mal est sans limite, et ce depuis toujours. Ce qui change aujourd'hui et dans ce que j'énumère, c'est que pour la première fois de l'histoire de l'humanité, l'homme possède le pouvoir de la destruction finale, d'une destruction massive, totale, voire définitive.

Bilan 7 - Risque de guerres nucléaires	
Observation	Immense stock nucléaire mondial
Conséquence	Menaces constantes
Echéance	Immédiate
Remède	Désarmement
Probabilité	~~Improbable~~ / **PROBABLE** / ~~Certain~~

8. Guerre bactériologique & Pandémie

Facile et peu chère à mettre en œuvre, la bombe bactériologique est la bombe du pauvre et plusieurs pays en seraient déjà équipés. Les kamikazes modernes au nom de leur idéologie mortifère font ainsi planer une menace prise très au sérieux par les gouvernements mondiaux.

A titre d'exemple et pour illustrer par un exemple les faibles moyens à mettre en œuvre, je prendrai comme parallèle les attentats des tours de New York du 11 septembre 2001 où il a suffi de détermination avec un plan d'action bien préparé pour que les terroristes arrivent à leur but. Ce qui frappe aussi, c'est la modestie des moyens financiers engagés dans cette opération pour un si grand désastre humain et matériel puisqu'on estime le coût de la préparation des attentats du 11 septembre à moins de 500.000 dollars.

https://cutt.ly/aytrCBi

Autre technique, peu chère et terriblement efficace, le gaz sarin dans le métro de Tokyo. Mais aussi le gaz moutarde lors de la 1ère guerre mondiale, le Zyclon utilisé par les Nazis lors de la solution finale nous rappellent que l'imagination de destruction n'a pas de limite et que si ce sont les moyens qui manquent, on peut toujours « bricoler » à plus ou moindre frais une bombe bactériologique et avoir de très bons résultats destructeurs.

Pardonnez-moi ce cynisme, mais dans ce combat que se livrent les hommes, ne peut-on dire ici qu'en développant une bombe bactériologique, il s'agit, pour un état, d'un rapport-investissement/résultat excellent et sans égal ?

Ce qui était local peut être reproduit à grande échelle. Imaginez une de ces bombes bactériologiques chargée du virus Ebola, de la variole, de la peste, de la grippe espagnole, voire du récent coronavirus ou de toute autre substance destructrice et explosant dans le ciel d'une mégapole, répandant son produit de mort sur des dizaines de millions de personnes !

Et si vous me dites, comme pour la bombe atomique, que la sagesse de l'homme l'empêchera d'utiliser une bombe bactériologique et de commettre l'irréparable, j'aurai une pensée pour les plus de 200.000 morts de Nagasaki et Hiroshima, victimes de la raison d'état d'un gouvernement démocratique chrétien.

Une pandémie est une épidémie présente sur une large zone géographique internationale puisqu'elle touche une part particulièrement importante de la population mondiale. Une pandémie n'est donc, à la différence d'une attaque bactériologique, pas volontaire.

Elle peut être terriblement meurtrière ou handicapante, les moyens modernes de déplacement des populations à travers le monde pouvant en quelques jours, voire quelques heures, transmettre une maladie dont le ou les porteurs ne se sauraient pas atteints. Les pandémies sont donc d'autant plus redoutables dans notre monde moderne et à ses moyens de transports toujours plus rapides, ce qui augmente d'autant les risques de propagation.

L'épidémie de variole du début du XXème siècle fit environ 300 millions de morts dans le monde entier, et celle de la peste noire au XIème siècle qui fit autour de 250 millions de morts. Juste après la première guerre mondiale, le virus de la grippe espagnole fit, selon les estimations, entre 30 et 50 millions de morts à travers le monde.

Les risques sont toujours présents avec pour mémoire le virus H5N1 d'il y a quelques années ou encore le Covid-19 (Coronavirus) de ce début d'année 2020 et ses plus de 2.000 morts à l'heure où j'écris ces lignes, qui en sont les tristes illustrations.

https://cutt.ly/dytyTZn

Mais je me dois ici d'ajouter un correctif. C'est qu'en ce moment, mi-mars 2020, la France et pour faire face au coronavirus débuté il y a environ deux mois en Chine, rentre juste dans une période de confinement pour essayer de combattre et d'endiguer la propagation du virus.

Ce confinement est annoncé pour une période de 15 jours, mais au moment où j'écris, chacun imagine bien que cette période sera probablement reconduite. Il m'est impossible à l'heure actuelle, la pandémie étant en cours et son pic non encore atteint, de tirer la moindre conclusion.

Mais suivant le thème de ce livre, il est impressionnant de se dire que les inquiétudes devant les désastres planétaires qui pourraient survenir dans le futur sont en train de se réaliser, là, maintenant, en direct, sous nos yeux.

Bilan 8 - Bactériologies & Pandémies	
Observation	Les états les moins développés s'équipent
Conséquence	Risque accru d'utilisation
Echéance	Immédiate
Remède	Pas de remèdes ou développement de vaccins
Probabilité	~~Improbable~~ / **PROBABLE** / ~~Certain~~

9. Situation économique

La totalité des économistes l'affirment : le modèle économique qui régit les pays industrialisés depuis ces dernières dizaines d'années est à bout de souffle. Propos gratuit pourront dirent certains ? Je vous propose d'étudier cela de plus près en prenant un cas facile à vérifier, puisque proche de nous : l'Etat français.

Voici les chiffres du budget français et qui concerne l'exercice 2019. On peut le trouver sur le site du gouvernement français lui-même :

https://cutt.ly/5yyKf1L

Recettes : 229,3 milliards d'euros (Md€) / Dépenses : 338 Md€

La dette pour la seule année 2019 s'élève donc à 108,7 Md€. Mais cumulée depuis près de 50 ans, puisque celle-ci n'est jamais remboursée et qu'elle continue de croître chaque année, cela donne les chiffres suivants. A la fin de septembre 2019, la dette publique s'élevait à **2 455 Md€**, soit plus de 100,4 % du PIB. Une animation en temps réel sur la dette de la France est proposée ici : http://www.dettepublique.fr/

Vous trouverez également sur ce site la progression de la dette française de 1978 (72 Md€) à 2013 (1925 Md€).

L'Etat n'ayant pas les moyens de rembourser sa dette (souscrite auprès des banques ou sur les marchés financiers), l'Etat se contente de payer les intérêts de cette dette. Et les chiffres sont vertigineux. En fonction du mode de calcul et compte tenu des taux de l'emprunt très fluctuants, on estime ce paiement des intérêts de la dette autour de 50 Md€ par année. Si, comme moi, vous avez du mal à vous représenter ce que l'on peut faire avec de telles sommes, je vous donne un exemple.

La France qui, dans les années 60/70, comptait deux porte-avions, le Foch et le Clémenceau, les a remplacés par un seul navire, le Charles de Gaulle. Il était pourtant bien question au départ de les remplacer par deux bâtiments. Mais le coût de la construction a repoussé la date de commande du deuxième bâtiment.

Et savez-vous combien coûte un navire comme le Charles de Gaulle ? Aux environs de 5 Milliards d'Euros.

Oh non bien sûr, je ne regrette pas ces investissements guerriers. Mais j'ai cité ces chiffres pour nous permettre d'un peu mieux nous représenter ce que signifient de telles sommes que nous n'avons pas l'habitude de manipuler. Et ici, dans cet exemple, cela représente environ dix porte-avions qui partent chaque année en fumée, puisque qu'avec cet argent, l'Etat paye les intérêts de la dette sans jamais rembourser le capital de cette dette, qui elle, continue d'augmenter chaque année.

Mais pour être concret et tourner vers des besoins plus pacifiques, voici le budget annuel de l'Etat français en ce qui concerne quelques postes clés. Le premier poste étant l'éducation avec 100,9 milliards d'euros, en deuxième l'armée avec 64,5 milliards d'euros, et en troisième la santé avec 52,8 milliards d'euros. C'est donc la totalité du budget de la santé qui part chaque année afin de payer les seuls intérêts de la dette de la France.

On comprend mieux dès lors pourquoi des groupes se forment et prédisent un écroulement de ce système, comme c'est notamment le cas pour les adeptes de la collapsologie www.collapsologie.fr que nous évoquerons un peu plus loin, au point 15 de ce chapitre

Pourtant la dette de la France n'est pas, et de loin, la plus importante des pays industrialisés du monde. Pour s'en convaincre, voir ici le graphique proposé par le site statista.fr avec la liste des pays les plus endettés.
https://cutt.ly/iyyClGd

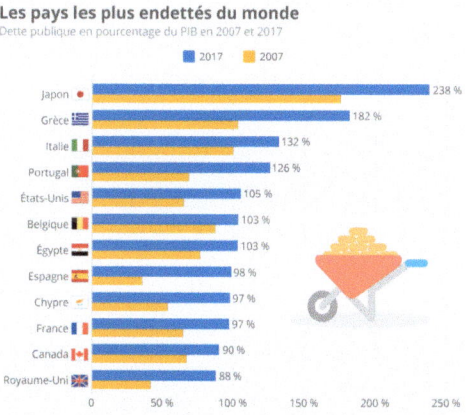

Cette situation et cette fuite en avant, sans se préoccuper des conséquences ressemblent fort, ne trouvez-vous pas, à l'attitude de l'autruche la tête bien enfoncée dans le sable afin de ne pas voir le danger ?

Quel ménage pourrait fonctionner ainsi ? Emprunter pour vivre le quotidien et emprunter encore pour payer les intérêts et cela sans jamais rembourser le capital de l'emprunt. Impensable n'est-ce pas, et de toute les façons, aucune banque ne vous laisserait continuer ainsi à vous enfoncer dans ce cercle infernal.

Eh bien quasi tous les états du monde, eux, le font et il est fort à craindre qu'un jour, il y aura une facture à payer ou au moins une dette à effacer. Sous quelle forme cela se présentera-t-il ? Sous quelle opposition ou mésentente, quel conflit, guerre ou catastrophe naturelle ? Impossible à prédire, mais cela ne se fera sûrement pas dans la paix et la bonne entente.

Le danger ici est qu'un jour la faillite, c'est-à-dire l'impossibilité pour un état au demeurant pourtant puissant et influent dans le monde mais surendetté, ne soit dans l'impossibilité de rembourser ni sa dette, ni même les intérêts de cette dette.

Et si cela se produit, il est à craindre que comme un effet de domino, tous les pays étant solidaires par de multiples accords, ce ne soit l'effondrement de toutes les bourses et donc l'effondrement de toute l'économie de toute la planète.

Bilan 9 - Situation économique mondiale	
Observation	Toujours plus de tensions entre les nations
Conséquence	Risque d'effondrement économique
Echéance	10 à 20 années
Remède	Remise à plat du système d'échange
Probabilité	~~Improbable~~ / **PROBABLE** / ~~Certain~~

10. INFORMATIQUE & IA (Intelligence Artificielle)

Aujourd'hui et depuis déjà quelques années, toutes les entreprises travaillent avec l'outil informatique. Il n'y a absolument plus aucun secteur qui ne soit concerné. Pourquoi l'informatique est-elle si fascinante ? D'abord une petite précision, informatique signifie Information Automatique. Et c'est là que ce concept est génial et fascinant, car l'informatique possède des caractéristiques ô combien utiles. Elle reproduit par exemple des tâches à l'infini avec précision et à très grande vitesse, elle stocke et conserve les informations et exécute ces tâches sans jamais se tromper. Bon d'accord, il ne faut pas se tromper en rentrant les informations, car l'informatique gère très mal l'approximation !

Et c'est ainsi que les années passant, nous avons appris à nous décharger de toute autre approche et moyen de fonctionnement que celui qui passe par l'informatique.

Le problème, c'est que cela nous rend totalement dépendant de ces outils et de leur environnement.

Imaginez le nombre de petits grains de sable qui peuvent enrayer ce bel outil. Cela passe par l'absence de courant à la panne de l'un des périphériques. De l'impossible accès au cloud où sont conservées aujourd'hui quasi toutes nos données, aux pannes réseaux. Et puis, il y a nombre de pirates, hackers ou virus de toutes espèces qui peuvent s'attaquer à nos données, les falsifier, les copier pour leur propre compte, voire les effacer ou les détruire, paralysant ainsi la totalité d'un secteur. Oui, nous avons confié à l'informatique la quasi-totalité du fonctionnement de notre société.

Mais qu'un grain de sable comme une attaque ciblée, intentionnelle, survienne dans nos systèmes informatiques et que se passera-t-il alors ? Cela entraînera, c'est sûr et de façon instantanée le blocage, entraînant paralysie et chaos. Cela, c'est l'informatique pure avec son utilité et les risques de ne dépendre que de cette technologie pour faire fonctionner nos sociétés industrielles.

Deuxième aspect qu'il faut souligner en matière d'informatique, c'est le remplacement de l'homme par la machine. Bien sûr, les tâches répétitives, on préfère les confier à des outils informatiques tels les robots d'assemblage dans les usines. Mais n'a-t-on pas là mis la main dans un engrenage dont on ne pourra bientôt plus se retirer et qui finira par éliminer l'activité humaine de tout processus de construction ou de fabrication ? Voir ci-après un article du « Courrier International » de 2010.

https://cutt.ly/ByyBQJ6

A cela, certains répondent que ce n'est qu'un transfert d'activités et que les ouvriers n'ont qu'à se former à d'autres tâches. Outre que ces nouveaux emplois sont beaucoup moins nombreux que ceux qui sont remplacés, il y a aussi une dimension humaine inquiétante dans le fait que l'on ne s'adresse plus qu'à une élite instruite, qualifiée et formée et que des emplois qui convenaient à une certaine main d'œuvre non qualifiée ne trouvent plus aujoud'hui de débouchés.

Il y a quelques années, j'ai vu arriver chez mon voisin à la campagne un énorme tracteur muni de multiples scies, tronçonneuses, rouleaux élagueurs et pinces géantes, le tout monté sur un seul engin haut comme deux étages.

Il est entré vers dix heures du matin sur une parcelle où se trouvait une quinzaine de sapins adultes. Et l'homme dans sa machine climatisée s'est mis au travail. Approchant l'engin du premier sapin, des bras se sont déployés entourant l'arbre, une tronçonneuse s'est mise en route et en moins de temps qu'il n'a fallu pour que j'écrive ce texte, l'arbre était coupé. Mais toujours debout, maintenu par les pinces qui ont alors basculé l'arbre à l'horizontale. Des « rouleaux nettoyeurs » se sont mis en mouvement afin de nettoyer, enlevant toutes les branches qui dépassaient. Cet ébranchage du tronc s'arrêtait tous les 6 mètres environ et une tronçonneuse découpait le tronc principal en sections de 6 mètres qui venaient s'empiler sur le bord du terrain.

L'opération finie, l'engin piloté du bout des doigts par ce bucheron des temps modernes et confortablement installé dans sa cabine climatisée s'est alors tourné vers le sapin suivant et dans un bruit assourdissant d'engin de chantier, l'opération a repris.

A midi, c'était fini, les quinze sapins étaient coupés, débités, tous les segments alignés au bord du champ, prêts à être transportés dans une scierie lointaine.

Deux heures pour faire le travail seul au volant de son engin à plusieurs dizaines de milliers d'euros et remplaçant ce que deux ou quatre hommes à plein temps auraient mis des semaines à accomplir.

Oui, c'est fascinant à regarder travailler de tels engins de technologie, de puissance, de précision. Mais décidément, la question reste au cœur du débat : où est la place de l'humain, du bucheron remplacé par ces machines construites, pilotées et entretenues par des hommes hautement qualifiés.

Troisième réflexion sur l'informatique, et ce n'est pas de la science-fiction, c'est ce que l'on appelle l'IA, l'Intelligence Artificielle.

Car l'AI pousse encore plus loin la réflexion puisqu'il s'agit dans ce concept d'imaginer une informatique intelligente, c'est-à-dire se rapprochant du cerveau humain et capable de comprendre, d'analyser, de penser et de proposer, voire de prendre des décisions en partielle ou totale autonomie.

Il faudrait probablement auparavant qu'un savant fou ou un informaticien de génie ne programme une machine afin qu'elle sache s'auto-gérer, s'auto-défendre, s'auto-réparer, voire attaquer de sa propre initiative d'autres systèmes afin de les détruire. Vous croyez cela impossibles, l'homme ayant toujours au final le dernier mot sur la machine ?

Cela n'est pourtant pas une vue de l'esprit, des systèmes informatiques pouvant s'auto-entretenir et s'auto-réparer existent déjà. S'auto-verrouiller, s'auto-détruire ou s'auto-gérer, échappant ainsi à tout contrôle, n'est donc pas qu'une vue de l'esprit. Ce sujet inquiète beaucoup les groupes d'études comme le GRI puisqu'ils ont placés l'AI en quatrième position des risques de destruction de la planète derrière, en n°1 le réchauffement

climatique, en n°2 le risque de guerre nucléaire et en n°3 le risque d'une pandémie mondiale, mais devant les phénomènes et catastrophes naturels, l'épuisement des ressources naturelles, ou la surpopulation.
http://gcrinstitute.org/

Pour plus d'informations, l'hebdomadaire l'Express a publié sur ce sujet un article très intéressant, documenté et détaillé. Il est accessible ici :
https://cutt.ly/qyiMnxU

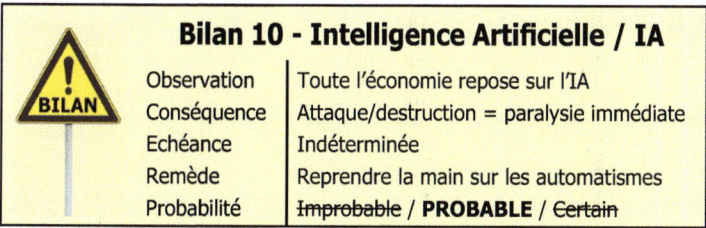

11. Biodiversité & disparition du vivant

Je voudrais pour traiter ce thème commencer par citer les propos de quelques personnalités pouvant faire autorité en la matière.

• Hubert Reeves, astrophysicien canadien.
https://cutt.ly/Cyi3nYr

« Il faut sauver notre biodiversité, il est urgent de sauver toutes ces espèces en train de disparaître. La diminution des vers de terre, ça ne fait pas la une des journaux. Cependant, c'est tout aussi grave que le réchauffement climatique. Il faut alerter sur l'importance de préserver la nature sous cette forme qui est proche de nous, mais

que la plupart du temps nous ignorons, parce que ça marche tout seul. Notre civilisation est en train de surexploiter toutes les ressources de la nature au détriment de la nature, des animaux ou des insectes qui peuplent la Terre et ses océans. C'est une situation d'alerte. Il faut prendre conscience que les décisions qui se prennent aujourd'hui vont influencer l'humanité pendant des milliers d'années ».

Et il prévient, comme beaucoup de scientifiques, qui l'ont déjà constaté, « *une extinction majeure des espèces est en cours. La dernière avait conduit à la disparition des dinosaures il y a plus 66 millions d'années. Nous avons déjà éliminé la moitié des espèces vivantes. Cela correspond à ce que l'on appelle une extinction de masse. La sixième depuis un milliard d'années, mais c'est la plus grave car la plus rapide. Auparavant, il fallait des milliers d'années, maintenant, ce ne sont que quelques décennies. On pourrait penser qu'au cours des millénaires passés, la vie s'est toujours adaptée, c'est vrai, mais certainement pas à cette vitesse ».*

• Le photographe Yann Arthus-Bertrand s'exprime également sur ce sujet :
Le 21 décembre 2018 sur la chaîne « Public Sénat », Yann Arthus-Bertrand déclarait :
« *Ne soyons pas naïfs : la sixième extinction de la faune et de la flore, c'est également celle des êtres humains. On va vers une fin de l'humanité !* »
https://cutt.ly/5yi8LlT

Pour ce grand homme de l'écologie, la 6ème extinction de masse des animaux qui est en train de se passer, c'est aussi celle de l'humanité, la fin de l'homme sur terre, d'où la nécessité absolue de prendre les choses en main et de réagir en nombre le plus rapidement possible.

Quelques phrases chocs au cours de cette émission :
« La sixième extinction, c'est la mort de mes petits-enfants. » / « On est dans un déni complet. On ne veut pas croire ce qui va arriver. » / « Le courage de la vérité, c'est qu'on va vers une fin de l'humanité. » / « Ce manque de réaction qu'on a tous est absolument effarant. » / « Le manque de réaction et la religion de la croissance doivent prendre fin ». / « Je crois que c'est nous qui avons le pouvoir. Et ce qui est important, c'est que je change moi et que vous changiez vous » / « On a les hommes politiques que l'on mérite. Ils ne sont pas plus malins ni plus intelligents que nous. Ils sont là, en fin de compte, pour faire ce dont on a envie, ce qu'on leur demande de faire. Si l'on n'est pas capables de changer, si on n'a pas envie de changer, les hommes politiques ne changeront rien. »

Des reportages alertent sur les dangers de la disparition du vivant comme ce reportage diffusé par la chaîne ARTE en novembre 2018 : « disparition des insectes, une catastrophe silencieuse »
https://cutt.ly/yyi80ei

- L'inquiétante disparition des abeilles

Les abeilles produisent du miel, mais elles ont une autre mission, c'est la pollinisation qui permet aux plantes de se reproduire. Lorsqu'une abeille butine de fleur en fleur, le pollen qu'elle transporte sert à « féconder » et permet donc la reproduction des plantes. Ce qui signifie concrètement que s'il n'y avait plus d'abeilles, il n'y aurait plus de plantes. Or les abeilles, victimes de pesticides et autres produits chimiques, disparaissent inexorablement.

Selon l'ONG Greenpeace, la disparition des abeilles,

et plus largement des pollinisateurs, est une catastrophe planétaire qui met en danger l'humanité. Il est urgent d'agir pour les protéger car :

- Les abeilles sont la clé de voûte de notre sécurité alimentaire
- Une alimentation saine dépend de pollinisateurs en bonne santé.

Il suffit de quelques chiffres pour s'en rendre compte :
- 75% de la production mondiale de nourriture dépend des insectes pollinisateurs.
- Entre 60 et 90% des plantes sauvages ont besoin d'insectes pollinisateurs pour se reproduire.

Extrait du journal « Le Monde » du 27 août 2019

« Disparition des abeilles : comment l'Europe a renoncé à enrayer leur déclin » https://cutt.ly/NysagJU

« *L'Union Européenne a décidé de passer outre l'avis de ses propres experts, et de la communauté scientifique au sens large, dans la protection de ces insectes. Après six années d'atermoiements, l'un de ses comités techniques a adopté au cœur de l'été 2019, le 17 juillet, un texte réglementaire parmi les plus lourds de conséquences pour l'avenir de la biodiversité sur le Vieux Continent* ».

> **Dernière minute... (printemps 2020 - pour cause de Covid-19 !)**
>
> Reportage interpellant : « En l'espace de trois jours, j'ai eu des rentrées de nectar exceptionnelles. Autour de 4 kilos par jour. Un tel volume tous les jours, en cette saison... Je n'ai jamais vu ça, en 20 ans de métier. » C'est le message impressionnant que porte la Terre en ces temps d'arrêt de ses activités ! https://cutt.ly/MydAFCb

Bilan 11 - Disparition du vivant	
Observation	Disparition de milliers d'espèces
Conséquence	Menace sur pollinisation et chaîne alimentaire
Echéance	Actuellement en cours
Remède	Stopper la destruction des pollinisateurs
Probabilité	~~Improbable~~ / ~~probable~~ / **CERTAIN**

12. Phénomènes naturels

Les tremblements de Terre, tsunamis, tornades, cyclones et typhons, ou encore les sécheresses, canicules, inondations ou feux de forêt… l'humanité en porte de très nombreuses traces. En faire un sujet dans cette énumération des thèmes pouvant inquiéter et comme faisant partie des dérèglements vécus par notre planète en ce début de XXIème siècle pourrait paraître inadapté.

Ce qu'il faut souligner, c'est que les effets de ces phénomènes naturels ont un impact qui s'amplifie au rythme même de l'explosion démographique que vit notre Terre.

Pour s'en convaincre, rappelons que l'éruption du Vésuve en l'an 79, bien que catastrophe majeure ne fit environ « QUE » 3.000 morts. Les spécialistes vulcanologues le disent tous, cela se reproduira. Mais aucune date n'étant avancée, les populations napolitaines s'y installent et y vivent. Aujourd'hui, ce sont quasiment 1 million de personnes qui vivent dans cette région, au pied du Vésuve !

https://cutt.ly/yyi4Bik

Le tsunami de la région de Phuket ou celui de Fukushima qui se transforma en incident nucléaire majeur, les gigantesques incendies aux Etats-Unis, en Amazonie ou en Australie, les inondations, les cyclones, tous ces phénomènes prennent aujourd'hui, de par la surpopulation, des accents beaucoup plus inquiétants et des conséquences à venir de plus en plus dévastatrices.

Bilan 12 - Phénomènes naturels

Observation	Augmentation des catastrophes naturelles
Conséquence	Risques mortels pour les populations
Echéance	Immédiate
Remède	Pas de remède
Probabilité	~~Improbable~~ / ~~probable~~ / **CERTAIN**

13. Epuisement des ressources naturelles

Les ressources naturelles non-renouvelables s'épuisent les unes après les autres. Faut-il rechercher un coupable, sommes-nous responsables de la raréfaction de l'une ou l'autre de ces matières premières utiles ou indispensables à la vie de l'humanité sur notre Terre ? Oui et non !

Peut-être aurions-nous pu en effet prendre plus de précautions dans l'extraction, la consommation de telle ou telle matière première en provenance de nos sols et sous-sols. Mais face à l'explosion démographique et aux besoins toujours croissants d'une population en perpétuelle demande et en constante augmentation, il fallait bien continuer de se servir et de poursuivre les extractions.

Mais ces ressources ne sont pas inépuisables. Voici ci-dessous un tableau qui indique année après année le moment de l'épuisement des pricipales ressources naturelles de la Terre.

2021 – Argent	2050 – Pétrole
2022 – Antimoine	2062 – Graphite
2025 – Or	2064 – Platine
2025 – Zinc	2070 – Sable
2028 – Indium	2072 – Fer
2030 – Plomb	2120 – Cobalt
2039 – Cuivre	2137 – Titane
2040 – Uranium	2139 – Aluminium
2048 – Nickel	2170 – Charbon

https://cutt.ly/jyi7aJ6

Si on évoque ici les ressources non-renouvelables, c'est qu'il est bien là le problème. Il y a quelques années, se rendant compte de la surpêche en observant la réduction de poissons dans certaines zones de pêches, des quotas, voire des interdictions furent promulguées afin de ralentir les prélèvements de poissons et cela se fit durant quelques années. Oh bien sûr, cela ne se fit pas sans grognement ni protestations diverses. Mais les résultats furent au rendez-vous, et aujourd'hui certaines zones réouvertes, les bancs s'étant reconstruits, on a retrouvé du poisson.

Vous avez compris l'enseignement que je tire de cet exemple. Car, hélas, impossible d'agir de même pour les matières premières et autres ressources non-renouvelables que sont le gaz, le pétrole, les minerais ou le charbon. Quand il n'y en aura plus, et bien, vérité de Lapalisse, ce sera fini, il n'y en aura plus, jamais !

Les sols et sous-sols vidés il n'y a donc plus d'espoir ?

Mais si, heureusement, car il reste les océans, et que l'on n'a pas encore exploités ou si peu !

https://cutt.ly/yyoqICr

La surface du globe étant occupée par 30% de Terres émergées, il reste 70% recouvertes par les océans. Les industriels ont donc mis au point des robots gigantesques leur permettant d'extraire les minerais et autres richesses déposées depuis des millénaires sur le fond des océans. Actuellement, ils sont capables de travailler jusqu'à 1600 mètres de profondeur. En voici quelques modèles. Observons l'échelle de taille en comparant avec l'humain placé en bas à droite de ces mastodontes.

La mise en route de ces chantiers vient juste de se faire (2019) et devrait rentrer en production dans les mois à venir. La Chine, le Canada, les États-Unis, la Russie sont parmi les premiers à se lancer dans cette course aux profits immédiats.

Question : Après avoir épuisé les ressources naturelles sur Terre, combien faudra-t-il de temps si l'on utilise de tels engins pour épuiser les ressources tirées du fond des océans ?

Mais déjà des alertes apparaissent demandant un moratoire car on ne sait rien encore des possibles conséquences de ces exploitations sur les milieux marins :

« L'exploitation minière du fond des océans menace gravement les écosystèmes » https://cutt.ly/zyIpaMY

Bilan 13 - Ressources naturelles	
Observation	Les ressources naturelles s'épuisent
Conséquence	Impossible de satisfaire la demande
Echéance	20 à 100 années
Remède	Pas de remède
Probabilité	~~Improbable~~ / ~~probable~~ / **CERTAIN**

14. Démographie & surpopulation

La plupart des différents phénomènes que nous venons de lister sont le plus souvent sujets à la volonté de l'homme et on pourrait se rassurer : l'homme va comprendre, prendre conscience et ne pas laisser aller la situation jusqu'à l'irréparable.

Il est un thème pourtant qui échappe à tout contrôle, à toute volonté. Il est tellement « naturel » et dans l'ordre des choses que l'on risque de ne pas le détecter, de ne pas le voir venir, comme on dit. Il s'agit de l'accroissement des peuples, de la démographie.

Le problème, c'est que cette croissance étant exponentielle, elle sidère par l'ampleur du phénomène.

Pour bien saisir concrètement ce qu'est une croissance exponentielle, voici en illustration un récit intitulé « le grain de riz et l'échiquier ».

On raconte qu'au fond des Indes un maharadja, s'ennuyant dans son palais, promit une forte récompense à qui inventerait un jeu qui saurait le distraire.

Et voilà qu'un serviteur lui apporta un jeu de son invention. Il s'agissait d'un plateau de huit cases sur huit, moitiés blanches et moitiés noires, sur lequel devaient s'affronter seize pièces blanches contre seize pièces noires et menant bataille. Le vainqueur déclaré étant celui qui réussirait à faire prisonnier le roi adverse.

Vous avez bien sûr reconnu le célèbre jeu d'échec.

Le maharadja, apprit les règles, testa, joua, se passionna... Bref, il fut conquis par ce jeu complexe mais passionnant, et il voulut donc récompenser le serviteur.

Il le fit appeler et lui dit :
— Vraiment bravo, quel cadeau, ce jeu est exceptionnel et je veux te récompenser comme tu le mérites. Demande-moi ce 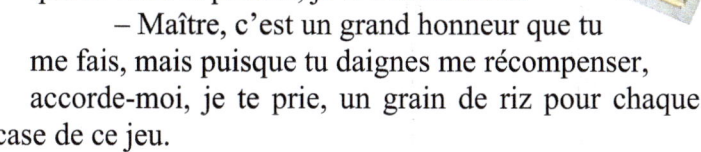 que tu veux et promis, je te l'accorderai.
— Maître, c'est un grand honneur que tu me fais, mais puisque tu daignes me récompenser, accorde-moi, je te prie, un grain de riz pour chaque case de ce jeu.
— Quoi ! Mais je t'ai dit que tu pouvais me demander ce que tu voulais et que je te l'accorderai.
— En fait, ce que je te demande maître, c'est de compter à chaque nouvelle case le double des grains de riz

que dans la précédente. Ainsi, dans la première case, tu mettras un seul grain, dans la deuxième deux grains, puis dans la troisième quatre, dans la suivante huit, seize dans la suivante et ainsi de suite jusqu'à la dernière des cases.

– Mais enfin, s'exclama le maharadja, au final cela va faire quelques poignées ou quelques kilos de riz. Non, ce que je veux, c'est t'accorder une vraie récompense…

Mais rien n'y fit, le malin serviteur ne voulut rien d'autre. Malin ? Mais oui car, vous l'avez deviné, le maharadja ne put jamais s'acquitter de sa dette. En voici une rapide démonstration et qui démontre concrètement ce qu'est une suite de chiffres exponentielle…

Nombre de grains de riz par case pour 8 lignes de 8 cases

1	2	4	8	16	32	64	128
256	512	1.024 arrondi à 1.000	2.000	4.000	8.000 arrondi à 1Kg	2Kg	4Kg
8Kg	16Kg	32	64	128	256	542	1.024 arrondi à 1Tonne
2To	4	8	16	32	64	128	256
512	1.024To arrondi à 1.000To	2.000To	4.000	8.000	16.000	32.000	64.000
128.000	256.000 arrondi à 1 navire	2 navires	4	8	16	32	64
128	256	512	1.024 arrondi à 1.000	2.000	4.000	8.000	16.000
32.000	64.000	128.000	256.000	512.000	1.024.000	2.048.000	4.096.000

Détail de la dernière case en bas à droite : 4.096.000. Oui 4 millions quatre vingt seize mille bateaux céréaliers de 250.000 tonnes chacun. Soit, selon la consomation moyenne de la population mondiale d'aujourd'hui, de quoi nourrir la totalité de la planète en riz durant plus de 1000 ans !

Vous comprenez maintenant pourquoi le maharadja ne put jamais payer son serviteur !

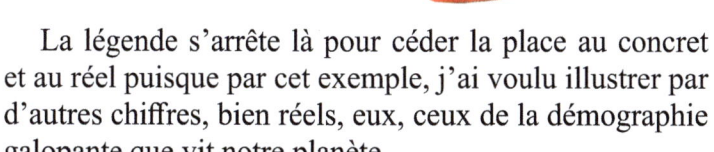

La légende s'arrête là pour céder la place au concret et au réel puisque par cet exemple, j'ai voulu illustrer par d'autres chiffres, bien réels, eux, ceux de la démographie galopante que vit notre planète.

Pour mémoire, la Terre compte aujourd'hui 7,9 milliards d'habitants et nous devrions atteindre les 8 milliards au cours de cette année 2020. Voici donc les chiffres de la population mondiale relevés au fil de ces deux derniers millénaires. Le décompte part du premier siècle où les démographes estiment la population mondiale à environ 250 millions.

- Au premier siècle il y avait (environ) **250 Millions** d'habitants sur Terre
  Temps pour doubler la population : **1500 ans**, ce qui donne
- Année 1500 - **500 Millions**
  Temps pour doubler la population : **300 ans**, ce qui donne
- Année 1800 - **1 Milliard**
  Temps pour doubler la population : **130 ans**, soit
- Année 1930 - **2 Milliards**
  Temps pour doubler la population **50 ans,** ce qui fait
- Année 1980 - **4 Milliards**
  Temps pour doubler cette population : **40 ans**
- Année 2020 - **8 Milliards**

- Dans la même projection mais en maintenant la durée de 40 ans
  Temps pour doubler la population : **40 ans**, soit
- *Année 2060 - **16 Milliards ?***
  Temps pour doubler la population : **40 ans**, ce qui donne pour la fin de ce XXIème siècle :
- *Année 2100 - **32 Milliards ?***

Ainsi, si l'on se projette dans l'avenir en maintenant cette croissance sur les 40 prochaines années, c'est en 2060 qu'il pourrait y avoir 16 milliards d'habitants sur terre. Et toujours dans cette même projection qui double la population toutes les 40 années, il pourrait y avoir 32 milliards d'habitants sur Terre à la fin de ce siècle, en 2100.

Courbe exponentielle de la croissance humaine

Autant le dire avec des mots simples et sans appel :
A ce rythme de croissance et selon le mode de consommation et de destruction des ressources naturelles, et en fonction de la consommation des pays industrialisés, la vie ne sera plus possible sur notre planète à la fin de ce siècle.

Ces mots sont terribles à entendre, à dire, mais aussi pour moi à écrire et pour le lecteur à les lire. Car si, jusqu'à présent et parmi les différents thèmes évoqués, il pouvait y avoir un espoir de voir une prise de conscience peut-être ralentir ou empêcher tel ou tel fléau de s'abattre sur la Terre, comment arrêter celui-ci ?

Les dirigeants qui ne veulent pas que l'on s'inquiète et qui veulent rassurer les populations devant ces chiffres alarmants, affirment que la progression de l'accroissement de la population mondiale se ralentit.

Et bien c'est en partie exact.

La croissance continue toujours, mais, en effet, sur un rythme moins soutenu. C'est-à-dire que selon d'autres prévisions, moins alarmistes, nous serons bien 32 milliards (soit 4 fois plus qu'aujourd'hui), non pas à la fin de ce siècle, mais seulement au milieu ou à la fin du siècle prochain, soit vers 2150/2200 !

Vous êtes rassurés ? Oui, car certes, nous n'y serons plus, pas plus d'ailleurs qu'à la fin de ce siècle-ci. Mais que dire à nos enfants, aux trois ou quatre générations qui vont suivre ?

Il faudrait donc essayer de ralentir cette croissance folle. **Mais aucun pays ne souhaite la décroissance !**

Un reportage télévisé a été diffusé il y a quelques mois et qui décrivait les problèmes de la natalité en Europe et à travers le monde.

Ce reportage expliquait qu'en **France**, la natalité est de 1,89 enfant par femme, ce qui est tout juste suffisant pour assurer le renouvellement des populations, maintenir les retraites futures ainsi que le niveau de vie de nos descendants. Le mieux ce serait une croissance de 2 enfants.

Mais, dans d'autres pays l'inquiétude grandit car la natalité est en baisse.

En **Italie**, par exemple, elle n'est que de 1,49 enfant par femme. Alors, le gouvernement a décidé d'offrir à tout foyer ayant un 3ème enfant un lopin de terre. Gratuitement, pour inciter à avoir plus d'enfants !

Le **Portugal**, comme l'**Espagne**, traversent la même crise et les gouvernements cherchent comment relancer la natalité. Faisant suite aux chiffres inquiétants de la surpopulation que je viens de citer, ces appels à la relance de la natalité laissent pour le moins songeur !

Car ailleurs, et notamment en **Afrique**, la fécondité moyenne par femme est de 4,7 enfants.

Et le record mondial est détenu par le **Nigeria** avec 7,6. C'est déjà actuellement le pays le plus peuplé d'Afrique (plus de 200 millions d'habitants). Là aussi, une croissance exponentielle, dans un pays en limite du Sahel, ce qui signifie peu d'eau et de ressources, ce qui amènera inexorablement à des déplacements massifs de populations.

A la présentation de ces chiffres, sur une lecture rapide et pour retirer l'oppression qui pourrait poser sa chappe sur nos épaules, on pourrait se dire que ces chiffres sont en régression, en tous cas au niveau de l'Europe.

C'est certain, l'Europe stagne dans la croissance de sa population. Mais faut-il le rappeler, l'Europe, ce ne sont que 515 millions d'habitants sur les 7,4 milliards du reste de la population mondiale qui, elle, continue de croître.

Si ce sujet de la démographie vous intéresse, et si vous souhaitez vivre « en direct » l'évolution et l'état de la planète, voici un lien vers un site Internet fascinant et interpelant : www.worldometers.info/fr/

La démographie pose des problèmes auquel l'homme a bien du mal à s'adapter, et j'en évoquerai un rapidement en quelques chiffres, celui du calcul des retraites qui a fait tant de perturbations lors des manifestations courant 2019. En France, le système de retraites par répartition à été créé en 1945 sur les bases suivantes : en 1945 = 4 actifs pour 1 retraité. mais quelques années plus tard...
- 2020 = 1,7 actifs pour 1 retraité • 2030 = 1,4 actifs pour 1 retraité
- 2050 = 1 actif pour 1 retraité • Le système ne fonctionne plus !

Bilan 14 - Démographie & Surpopulation	
Observation	Croissance exponentielle
Conséquence	Environnement ne peut s'adapter
Echéance	De 30 ans à la fin de ce siècle
Remède	Pas de remède
Probabilité	~~Improbable~~ / ~~probable~~ / **CERTAIN**

15. La collapsologie

Si j'ai placé le thème de la collapsologie en dernier dans l'étude de ces différents thèmes que j'ai listés comme pouvant impacter la vie sur Terre, c'est qu'il me semble que la collapsologie réunit tous ces thèmes en une seule thèse, celle de l'effondrement final et total. Et comment n'en serait-il pas ainsi ? J'ai essayé d'être juste, mesuré et sans parti pris dans l'observation des différents thèmes que j'ai abordés jusqu'ici. Mais il faut bien l'avouer et le reconnaître, tout cela n'est guère encourageant pour l'avenir et je dois dire qu'en découvrant ce domaine de la collapsologie, j'ai retrouvé beaucoup de ces thèmes que j'avais étudiés et suis arrivé, hélas pour l'avenir, à des conclusions et prévisions identiques.

Discipline assez récemment apparue, elle s'est confiée pour mission l'étude des risques d'effondrements de la civilisation industrielle. www.collapsologie.fr/

Cette discipline fait de plus en plus d'adeptes. On y trouve des personnalités du monde scientifique et politique comme Yves Cochet, député du Val d'Oise de 1997 à 2002, puis ministre de l'environnement de Lionel Jospin en 2001, Pablo Servigne, docteur en sciences et auteur avec Raphaël Stevens du livre « Comment tout peut s'effondrer » ou encore Aurélien Barrau, astrophysicien, auteur du livre « Le plus grand défi de l'histoire de l'humanité ».

La collapsologie présente l'idée que les développements et la répartition anarchique des richesses de la planète finiront à terme par agir sur les comportements humains, puisque les besoins essentiels à l'humanité pour vivre ne seront plus satisfaits. Les besoins de base comme l'accès à l'eau potable, l'alimentation, les besoins énergétiques, le logement ou l'habillement n'étant plus fournis, des crises sans précédent interviendront et ce dans une période comprise entre les dix à vingt prochaines années.

Ils estiment que l'effondrement de la civilisation industrielle pourrait provenir de la conjonction de différentes crises : environnementale, énergétique, économique, géopolitique, démocratique, mais aussi comme la Terre entière le subit depuis ce début d'année, dans une crise sanitaire comme le démontre la propagation et son lot de conséquences du coronavirus.

Ce qui est prédit et attendu par les collapsologues, c'est donc ni plus ni moins que l'effondrement total et la fin du monde, dans le sens de la fin du monde que l'on connaît. Une disparition de 80 à 90% du vivant. Et les collapsologues s'y préparent en adoptant un mode survivaliste à l'exemple de leur leader Yves Cochet. Un reportage sur ce sujet est visible en suivant le lien : https://cutt.ly/byoUYAe

Les collapsologues appuient aussi leurs analyses sur des propos tels ceux tenus par Jean-Claude Trichet, ancien directeur de la BCE, Banque Centrale Européenne durant 8 années (2003 à 2011), qui affirme que l'effondrement du système financier mondial est inéluctable.
https://cutt.ly/Yyo8IHI

Un reportage sur France 3, Auvergne/Rhône-Alpes vient d'être diffusé et le ton est donné faisant le lien entre la collapsologie et le Covid-19. Son titre :

« Avec le Coronavirus, la collapsologie convainc de plus en plus de monde - Le coronavirus : un accélérateur de la prise de conscience ». A découvrir sur
https://cutt.ly/nylo9G7

Pour mieux découvrir la collapsologie, son enseignement et leurs références, voici quelques liens...
https://cutt.ly/9yo8JB5 / https://cutt.ly/Iyo8ZeX / https://cutt.ly/nyo8Xa6

Bilan 15 - La Collapsologie

Observation	Signaux économiques et boursiers au rouge
Conséquence	Effondrement du commerce mondial
Echéance	10 à 20 années
Remède	Remise à plat du système économique
Probabilité	~~Improbable~~ / **PROBABLE** / ~~Certain~~

16 - Quelques pistes pour aller plus loin...

- Risques mondiaux 2019 hors de contrôle https://cutt.ly/eyo4lXL
- Gri (Groupe Risques Internationaux) 2019 https://cutt.ly/oyo4x9G
- Les 10 risques qui pèsent sur le monde https://cutt.ly/cyo4vNa
- Risques mondiaux et solutions durables https://cutt.ly/Nyo4mqu
- Compteur ressources planétaires http://www.worldometers.info/fr/

Coronavirus / Covid-19

Il y a un sujet en ce printemps 2020, moment où je termine ce livre, qui occupe tous les esprits, il s'agit bien sûr du Covid-19. L'étude de cette pandémie aurait sûrement eu sa place au coeur des thèmes de ce livre. Je n'aurai pourtant tout au long de ces pages que très peu évoqué ce sujet. Ceci est volontaire et la raison en est simple.

Nous sommes actuellement au coeur de ce problème sanitaire. Les chiffres définitifs ne sont pas connus, des accusations apparaissent ça et là et les plus virulentes viennent essentiellement des opposants politiques qui, à les entendre, auraient bien entendu tous fait beaucoup mieux. Le temps des observations, des analyses et des bilans viendra et cela sera nécessaire pour tirer des leçons pour l'avenir, mais actuellement il ne m'a pas paru utile de me référer à cette situation alors que nous sommes encore au coeur de cette crise.   JF mars 2020

« Ce sont dans les utopies d'aujourd'hui que se trouvent les solutions de demain »
Pierre Rabhi

4 - CE SONT EUX QUI LE DISENT

Devant toutes ces observations, tous ces chiffres, ces statistiques, débats, et parce que tout cela, dans le fond, nous inquiète et nous fait quand même peur, l'instinct premier, nous le voyons autour de nous est de nier ou tout le moins de minimiser tous ces signaux d'alertes, d'en réduire l'impact, voire même d'en ridiculiser les sources et ceux qui les produisent.

Imaginez que tous ces chiffres, ces statistiques, projections et affirmations aux conséquences si inquiétantes soient prononcées par des inconnus ou des personnes plutôt cataloguées pour leur manque de sérieux, leurs façons partisanes ou peu orthodoxes de présenter ces sujets. Rien de plus simple alors que de les renvoyer d'un revers de main à leurs chères études, à leurs chiffres probablement falsifiés et à leurs douteuses statistiques.

Mais que dira-t-on s'il s'agit de responsables politiques, d'écologistes engagés, de journalistes, chercheurs, d'écrivains, d'artistes ou de scientifiques renommés, aura-t-on le même geste désinvolte pour minimiser ou rejeter leurs propos ou bien prêterons-nous une oreille plus attentive à ces lanceurs d'alertes ?

Permettez-moi alors de retranscrire à présent ici les paroles que j'ai récoltées çà et là au cours de mes recherches de quelques-uns de ces témoins que d'aucuns estiment dignes de foi.

AVEC, PAR ORDRE ALPHABÉTIQUE...

1 - Al GORE / Vice président Américain - Sénateur Prix Nobel de la paix 2007

« Le réchauffement du globe est réel : l'évidence est indéniable. En dépit de cette évidence, nombreux sont ceux qui continuent à croire que le réchauffement de la planète n'est pas du tout un problème. En effet, ils sont la cible d'une campagne de désinformation massive et bien organisée fondée par les pollueurs qui sont déterminés à empêcher toute action visant à réduire les émissions de gaz qui causent le réchauffement, de peur que leurs profits en soient affectés.

De riches idéologues ont rejoint les compagnies pétrolières les plus cyniques et les plus irresponsables, les industries minières, et ont apporté de grosses sommes d'argent pour financer des groupes pseudo-scientifiques qui s'efforcent de semer le trouble dans l'esprit des gens sur le réchauffement de la planète ».

https://cutt.ly/IyiZSfN

2 - Appel des 200 / **Collectif de personnalités**

« De très nombreux combats sont légitimes. Mais si celui-ci est perdu, plus aucun ne pourra plus être mené. »
https://cutt.ly/JyiVhHV

3 - Joan BAEZ / **Chanteuse**

- Qu'est ce qui vous inquiète le plus aujourd'hui?
- Le réchauffement climatique. Dans dix ans, si nous n'avons pas traité le problème, ma petite-fille n'aura pas une vie normale. C'est terrifiant.» https://cutt.ly/FydDhPv

4 - Aurélien BARRAU / **Astrophysicien**

« Aujourd'hui, prôner une croissance continue revient exactement à dire : On est face au gouffre, accélérons. On ne peut pas continuer comme ça.

« Aujourd'hui je n'ai plus peur de parler de fin du monde. »
https://cutt.ly/qydDmzj

« On ne peut pas continuer à faire comme si la pensée écologiste était l'apanage de doux-dingues, et comme si le dogme d'une croissance immodérée était l'apanage des gens sérieux. C'est exactement l'inverse. Il faut que cette idée pénètre la société ». https://cutt.ly/iydDWRS

« C'est vraiment le moment ou jamais de devenir raisonnable. Mais il faudrait une révolution profonde et rien ne laisse espérer qu'elle se produise...»

« La vie, sur Terre, est en train de mourir. L'ampleur

du désastre est à la démesure de notre responsabilité. L'ignorer serait aussi insensé que suicidaire. Plus qu'une transition, je pense qu'il faut une révolution. »
https://cutt.ly/EydDxjY

« On a tué 70% du vivant dans les 40 dernières années. La catastrophe est en train de se faire, et sa vraie origine à ce stade n'est pas le réchauffement climatique.»
https://cutt.ly/kygzFRj

5 - Charles BERLING / **Comédien**

« La crise actuelle du coronavirus ce n'est RIEN en face de ce qui se prépare et qui va arriver »
Chaine TV Paris-Première Emission Z&N du 29/04/2020

6 - Yann ARTHUS-BERTRAND / **Photographe Cinéaste & Ecrivain**

« Cela fait dix ans qu'on parle de l'urgence climatique et rien n'a été fait. Nous avons malheureusement perdu la bataille du changement climatique.»

« Toutes les COP n'ont abouti à rien, à part d'évoquer les problèmes. Les rapports du GIEC sont de pis en pis chaque année. Nous vivons une tyrannie de la croissance qui nous oblige à consommer des énergies fossiles, responsables du changement climatique. Ce qui est malheureux, c'est que la consommation de ces énergies augmente chaque année. Le charbon est redevenu la principale source d'énergie pour l'électricité, par exemple.

Ceux qui critiquent Greta sont tous de vieux c...»
https://cutt.ly/Wyd1ayG

« *Vous vous rendez compte, lorsque je suis né nous étions deux milliards d'habitants sur Terre et aujourd'hui nous arrivons à huit milliards. Nous avons quadruplé en une génération* », « *je suis un optimiste très très très inquiet !* ».
https://cutt.ly/Myd1tuP

« *On parle de s'engager pour le climat, mais très peu le font. Tenez, récemment pour la dernière marche pour le climat dans les rues de Paris nous étions 14.000 à défiler, alors qu'il y avait 500.000 personnes pour l'enterrement de Johnny. Voilà, tout est dit !* ». https://cutt.ly/Byd1fwP

7 - Juliette BINOCHE / **Comédienne**

« *L'avenir de la vie sur Terre est en jeu. Nous vous exhortons à agir sans attendre* » https://cutt.ly/myiBYNk

8 - Albert CAMUS / **Ecrivain - Prix Nobel 1957**

« *Chaque génération, sans doute, se croit vouée à refaire le monde. La mienne sait pourtant qu'elle ne le refera pas. Mais sa tâche est peut-être plus grande. Elle consiste à empêcher que le monde se défasse* ».
https://cutt.ly/byd0di4

9 - Jacques CHIRAC / **Président Français**

En 2002, lors du Sommet de la Terre à Johannesburg, Jacques Chirac mettait le monde en garde :
« *Notre maison brûle et nous regardons ailleurs...* »
Une phrase qui a toujours son écho en 2020.
https://cutt.ly/Cyd1DGu

10 - Yves COCHET / Ancien ministre de l'écologie

« *L'humanité pourrait avoir disparu en 2050* »
https://cutt.ly/JydOKh3

- Un effondrement certain vers 2030 »… Vous le pensiez déjà lorsque vous étiez ministre de l'Ecologie ?

- *Non. Mais j'avais déjà pris note des rapports des scientifiques du Giec sur l'évolution du climat et de l'Ipbes sur l'érosion de la biodiversité qui alertaient sur la survenue probable de catastrophes écologiques. Mais on ne les imaginait pas aussi intenses, ni aussi imminentes, ni aussi mondiales. On pensait également que certaines politiques publiques nous permettraient d'éviter leur survenue.*

- Pourquoi, selon vous, ce possible effondrement mondialisé aura pour point de départ une crise énergétique ?

- *Sans énergie, le monde civilisé n'existe plus. Or, 82 % de nos besoins énergétiques sont à ce jour assurés par des sources fossiles, non renouvelables. C'est le pétrole, le gaz, le charbon. Ces énergies vont se raréfier ou ne plus être exploitables tant leur extraction va devenir chère.*

Il faut alors imaginer les soubresauts de cette crise énergétique sur les autres pans de nos sociétés. L'agriculture, la santé, la sécurité, les télécommunications, la finance… Comment assurer ces services si l'énergie n'existe plus ou est trop chère à produire ?
https://cutt.ly/5yd03v9

11 - Marion COTILLARD / Comédienne

« *Quand j'entends parler certains directeurs de multinationales, comme dans le documentaire sur l'agroalimentaire « We Feed the World » par exemple. Le patron d'un énorme groupe dit : « Tout ça, ce sont des conneries, on n'a jamais vécu aussi vieux et en bonne santé ! »... Depuis son pays tout propre, il pense peut-être qu'à part l'hémisphère Nord, il n'y a rien ni personne, que les villes insalubres à l'atmosphère irrespirable sont des mirages. Le discours des écolo-sceptiques ne tient pas debout ! C'est difficile d'admettre que ces gens-là, engagés dans la course au profit, aient un tel pouvoir, alors qu'ils n'ont aucune conscience des générations à venir, ni de l'être humain ».* https://cutt.ly/bygn3zC

12 - Commandant COUSTEAU / **Scientifique, cinéaste**

« Un bon écologiste, c'est un type qui voit loin et qui a peu de foi dans le progrès, la science et la technique. »
https://cutt.ly/iygTes1

13 - Nicolas DEMORAND / **Journaliste**

Début de l'interview de Nicolas Hulot par Nicolas Demorand lors de l'émission 28 août 2018 sur France-Inter, où il recevait avec Léa Salamé le - encore - ministre, Nicolas Hulot.

« - Incendie un peu partout dans le monde, Grèce, Suède, Etats-Unis, inondations suivies de canicules au Japon, record de températures en France, j'arrête là la liste des événements majeurs de l'été. C'est la bande annonce de ce qui nous attend, disent les scientifiques. Sur le sujet tout à été dit, tous les grands mots ont été employés et le film catastrophe est là, sous nos yeux, on est en train d'y assister, est-ce que vous pouvez m'expliquer

pourquoi, rationnellement, ce n'est pas la mobilisation générale contre ces phénomènes et pour le climat ?
- J'aurai une réponse qui est très brève : NON.
- C'est impossible à expliquer ?
- Je ne comprends pas que nous assistions globalement, les uns et les autres, à la gestation d'une tragédie bien annoncée dans une forme d'indifférence. »

C'est au cours de cette émission, où il décrira son impuissance à faire évoluer les mentalités, que le ministre annoncera sa démission. https://cutt.ly/xygm5sk

14 - Pape FRANÇOIS / **Religieux**

Le pape François exhorte les Etats à agir pour lutter contre le changement climatique *« parce que notre survie et notre bien-être dépendent de cela »*
https://cutt.ly/QvgzTRm

15 - Charlotte GAINSBOURG / **Comédienne**

Texte de 2013 écrit par Fred Vargas et lu par Charlotte Gainsbourg :

« Nous y voilà, nous y sommes. Depuis cinquante ans que cette tourmente menace dans les hauts-fourneaux de l'incurie de l'humanité, nous y sommes.

Dans le mur, au bord du gouffre, comme seul l'homme sait le faire avec brio, qui ne perçoit la réalité que lorsqu'elle lui fait mal. Telle notre bonne vieille cigale à qui nous prêtons nos qualités d'insouciance. Nous avons chanté, dansé. Quand je dis « nous », entendons un quart de l'humanité tandis que le reste était à la peine.

Nous avons construit la vie meilleure, nous avons jeté

nos pesticides à l'eau, nos fumées dans l'air, nous avons conduit trois voitures, nous avons vidé les mines, nous avons mangé des fraises du bout du monde, nous avons voyagé en tous sens, nous avons éclairé les nuits, nous avons chaussé des tennis qui clignotent quand on marche, nous avons grossi, nous avons mouillé le désert, acidifié la pluie, créé des clones, franchement on peut dire qu'on s'est bien amusés. [ ]
Mais nous y sommes. A la Troisième Révolution.
Oui. On n'a pas le choix, elle a déjà commencé, elle ne nous a pas demandé notre avis.
C'est la mère Nature qui l'a décidé, après nous avoir aimablement laissés jouer avec elle depuis des décennies. La mère Nature, épuisée, souillée, exsangue, nous ferme les robinets : du pétrole, du gaz, de l'uranium, l'air, l'eau.
Son ultimatum est clair et sans pitié :
Sauvez-moi, ou crevez avec moi...
Magnifique playdoyer pour la Terre de Fred Vargas. Suite de ce texte dans la vidéo en lien ci-dessous
https://cutt.ly/vyjd6eb

16 - Stephen HAWKING / **Astrophysicien**

« *Dans les 200 dernières années, la croissance sur Terre est devenue exponentielle. C'est-à-dire que la population croît selon le même pourcentage chaque année. Actuellement le taux est d'environ 1,9% par année. Cela peut paraître peu. Mais cela signifie que la population mondiale double tous les 40 ans. Je célèbrerai mon 80ème anniversaire en 2020 et durant ma vie, la population du monde aura quadruplé. Cette croissance exponentielle ne peut pas continuer durant le prochain millénaire.* »
https://cutt.ly/FygQaTg

Le scientifique pense que le réchauffement climatique est le plus grand danger auquel l'Humanité doit faire face. Il annonce qu'à cause de « l'inaction de Donald Trump », notre planète pourrait bien se transformer comme Vénus. Si le physicien donnait jusqu'à maintenant un millénaire à l'humanité, aujourd'hui, ses estimations sont plus qu'inquiétantes. Hawking les a divisées par 10. En effet, pour lui, l'humanité n'aurait donc plus qu'un siècle devant elle. https://cutt.ly/hygQlKl

17 - Sylvestre HUET / **Scientifique**

« Si l'année 2019 est la deuxième la plus chaude pour la planète entière, c'est la première année pour l'Europe géographique. Notre zone géographique s'est réchauffée de 2°C environ depuis la période pré-industrielle, contre 1,1°C pour la moyenne planétaire. Comme prévu par les climatologues, le réchauffement climatique se fait sentir plus fortement sur les continents que sur les océans et près des côtes. Et plus fortement dans l'hémisphère Nord – où les Terres émergées sont plus étendues que dans l'hémisphère Sud – et dans la zone arctique.

Surtout, 11 des 12 années les plus chaudes survenues depuis le début des enregistrements thermométriques se situent après l'an 2000. Les quatre années les plus chaudes sont 2019, 2014, 2015 et 2018. Une telle concentration d'années records depuis le début du XXIème siècle est spectaculaire et sans précédent dans les annales climatiques ». https://cutt.ly/ZygQTfs

| 18 - Nicolas HULOT / **Ancien ministre de l'écologie** |

Auteur du plan Climat lancé en juillet 2017, afin d'accélérer la mise en œuvre de l'accord de Paris de décembre 2015, Nicolas Hulot (alors ministre de l'écologie) a défendu l'urgence de s'occuper, outre de la colère populaire, d'un *« sujet qui s'appelle, ni plus ni moins,* **la fin du monde** *»*. https://cutt.ly/UygQSgh

| 19 - Serge LAMA / **Chanteur** |

Au rythme où l'on éteint les roses
Où l'on assassine la mer
Où la jeunesse est sous hypnose
Et la vieillesse en Alzheimer
Au rythme où le soleil invente
Sans espoir des millions d'enfants
Qui sont dans des files d'attente
Sur la piste des éléphants.
Y'aura bientôt que des éclairs
Y'aura plus d'eau y'aura plus d'air

On a plus le temps de prédire
Que le pire est devant nos yeux
On n'a presque plus rien à lire
Les vrais livres sont déjà vieux
A peine le temps d'être un homme
Qu'on a vécu plus qu'une vie
Adieu Venise et adieu Rome
On habite tous Pompéi.
Y'aura bientôt que des éclairs
Y'aura plus d'eau y'aura plus d'air

« Des Eclairs et des révolvers » / Chanson de 2012
https://cutt.ly/uygQ90f

| 20 - Lucie LUCAS (Série télévisée Clem) / **Comédienne** |

« Peut-être que mes enfants n'atteindront pas leur majorité. Chaque jour de pris est un jour merveilleux. Bien sûr que je vais tout faire pour que mes enfants atteignent leur majorité, qu'ils soient heureux, qu'ils vivent le plus longtemps possible. Mais je ne sais pas de quoi sera fait demain. Et en tous cas, je pense qu'on va connaître des moments de grande violence et mes enfants aussi. D'ailleurs, je les prépare. Je leur dis : Dis-toi que tu es une

guerrière et que c'est un entraînement pour toi. Tu fais tes armes et comme ça tu seras prête » poursuit l'actrice, convaincue de la fragilité et de la fin prochaine de notre civilisation. https://cutt.ly/6ygW3YR

21 - Deon MEYER / **Romancier**

« *Dépenser des milliards de dollars afin de sortir l'Afrique de son cycle de pauvreté revenait juste à changer les chaises longues de place sur le pont du Titanic qu'était la planète Terre. Cela ne servait à rien si l'on ne mettait pas fin au réchauffement global, et si l'on n'inversait pas la tendance* » https://cutt.ly/IyhlhWH

22 - Pierre RABHI / **Scientifique / Ecologiste**

« *Le fait que le modèle de société soit en faillite crée une insécurité. Et c'est cette insécurité qui amène à se demander s'il n'y a pas d'autres voies, d'autres chemins. Nous sommes effectivement en phase de transition, mais on ne sait pas bien vers quoi. Soit l'humanité s'élève et donne une bonne orientation à son histoire, soit elle reste prisonnière dans cette mentalité archaïque et ça ira alors de plus en plus mal.* » https://cutt.ly/BygE4VP

« *C'est dans les utopies d'aujourd'hui que sont les solutions de demain.* » https://cutt.ly/NygELln

23 - Hubert REEVES / **Astrophysicien**

«Moi j'ai des enfants et des petits-enfants et je suis vraiment inquiet de savoir dans quel monde ils vont vivre»
https://cutt.ly/HygRfVg

Tout ce qu'annonçait Hubert Reeves est en train de se produire : *« S'il n'y a pas d'écologie, l'économie s'effondre. On n'a plus le choix, comme avant, de dire écologie ou économie. Si on ne réussit pas à avoir un développement durable, l'économie s'effondre. On ne peut plus dire : l'écologie, c'est une affaire de riches. »*

Depuis cette prise de parole médiatique, tout reste vrai… en pire. Normal, puisque tout a continué comme si de rien n'était. Preuve s'il en fallait que ce genre de discours doit encore et toujours être relayé jusqu'à ce que, enfin, la prise de conscience soit suivie par des actes.
https://cutt.ly/HygRxuG

24 - Pablo SERVIGNE / **Scientifique / Ecologiste**

« L'utopie a changé de camp : est aujourd'hui utopiste celui qui croit que tout peut continuer comme avant ».

« Dans l'univers d'un élevage de dindes, tout va pour le mieux dans le meilleur des mondes : l'éleveur vient tous les jours donner des grains et il fait toujours chaud. Les dindes vivent dans un monde de croissance et d'abondance… jusqu'à la veille de Noël !

S'il y avait une dinde statisticienne spécialiste de la gestion des risques, le 23 décembre, elle dirait pourtant encore à ses congénères qu'il n'y a aucun souci à se faire pour l'avenir… » https://cutt.ly/cygRSgB

25 - Haroun TAZIEFF / **Vulcanologue**
Commandant COUSTEAU / **Scientifique, cinéaste**

Harun Tazieff et le Commandant Cousteau dans « Les dossiers de l'écran » sur A2, le 4 septembre 1979

« - H Tazieff : La pollution industrielle et les activités de l'homme dégagent des quantités énormes de CO^2 qui risque de faire une espèce de serre avec un réchauffement de 2 ou 3 degrés de l'atmosphère et cela suffit pour faire fondre d'énormes quantités de glaces polaires, d'où montée des eaux et noyade de toutes les côtes basses de la planète. Avec des villes comme New-York, Marseille, Le Havre, Nice ou Londres...

- J-Y Cousteau : Aaaah, c'est un baratin ça, l'histoire du CO^2 oui, on en fabrique beaucoup, mais il y a des correcteurs automatiques comme les plantes et l'océan.

On commence à me casser les oreilles avec cette histoire de CO^2. » On sait aujourd'hui, en 2020, que c'était Haroun Tazieff qui était dans le vrai ! https://cutt.ly/6yfuZ1w

26 - Greta THUNBERG / **Militante écologiste**

Sommet sur le climat - ONU/New-York - 23 septembre 2019

« Ce n'est pas normal. Je ne devrais pas être ici. Je devrais être en classe de l'autre côté de l'océan.

Et pourtant, vous venez tous nous demander d'espérer, à nous les jeunes. **Comment osez-vous ?**

Vous avez volé mes rêves et ma jeunesse avec vos mots creux. Et encore, je fais partie des plus chanceux !

Des gens souffrent, des gens meurent, et des écosys-

tèmes s'écroulent. Nous sommes au début d'une extinction de masse, et tout ce dont vous parlez c'est d'argent, et de contes de fées racontant une croissance économique éternelle. **Comment osez-vous ?**

Depuis plus de 30 ans, la science est parfaitement claire. **Comment osez-vous** encore regarder ailleurs ?

Vous venez ici pour dire que vous faites assez, alors que les politiques et les actions nécessaires sont inexistantes. Vous dites que vous nous entendez et que vous savez que c'est urgent, mais peu importe que je sois triste ou énervée, je ne veux pas y croire.

Car si vous comprenez vraiment la situation, tout en continuant d'échouer, c'est que vous êtes mauvais, et ça je refuse de le penser. [ ] Aucune solution, aucun plan ne sera présenté pour résoudre ces problèmes ici, car ces chiffres dérangent, et que vous n'êtes pas assez matures pour dire la vérité. Vous nous laissez tomber. Mais les jeunes commencent à voir votre trahison. Les yeux de toutes les générations futures sont tournés vers vous.

Et si vous décidez de nous laisser tomber, je vous le dis : nous ne vous pardonnerons jamais ! Nous ne vous laisserons pas vous en sortir. Nous mettons une limite, ici et maintenant : le monde se réveille et le changement arrive, que cela vous plaise ou non »

https://cutt.ly/OygTmNK

27 - Julien WOSNITZA / **Ecologiste**

« *Notre planète se meurt. Les gouvernements sont empêtrés dans un système qui les dépasse. Soit ils ne comprennent rien et il s'agit d'incompétents notoires, soit ils ont très bien compris mais ne font rien, ce qui ferait d'eux des meurtriers. Ils nous volent notre avenir.* »   https://cutt.ly/aygYyKZ

« La folie, c'est de se comporter de la même manière et d'attendre un résultat différent »
Albert Einstein

5 - LE CHANGEMENT C'EST MAINTENANT !

1. Agir face à l'urgence

Slogan d'une campagne présidentielle française récente, cette phrase choc « Le changement c'est maintenant » avait pour but de frapper les consciences et de donner au candidat à l'élection une dimension futuriste en rappelant que l'on n'avait déjà que trop attendu, qu'il était temps de se mettre en route vers les changements devenus nécessaires et indispensables.

Car, que dire d'autre à présent, au sortir de l'étude des différents cas que nous venons de passer en revue, de ces différents éléments qui peuvent influer sur l'avenir de la vie sur notre planète. La seule conclusion à laquelle on ne peut qu'arriver, n'est-ce pas de lancer un vibrant appel en criant :

> **C'EST MAINTENANT QU'IL FAUT AGIR,
> TOUT DE SUITE,
> CAR DANS TRES PEU DE TEMPS
> IL SERA TROP TARD !**

Alors changer, oui, mais quoi et dans quelles proportions ? Connaissez-vous cette phrase qui affirme :

> *« Dans la vie, on ne change que lorsque ne pas changer serait encore plus douloureux ! »*

Pour être clair, tant que la majorité des états ou des populations mondiales n'auront pas pris pleinement conscience de l'urgence d'un changement, tant que ce sentiment n'aura pas pris totalement possession de notre être, tant que la volonté d'un changement de nos habitudes de vie ne se sera pas transformée en une urgence vitale et impossible à reporter, tant que nous n'aurons pas compris que le changement, c'est tout de suite, que c'est maintenant et que si nous ne nous attelons pas à mettre ces changements en œuvre, les pires scénarios arriveront, alors les changements ne se feront pas.

Car il est bien là le problème. Changer, oui, mais pourquoi, pour quoi faire d'autre ?

Que faudrait-il laisser, abandonner de nos habitudes, de notre confort, de nos modes de consommation, de nos manières de produire, dans notre manière de vivre actuelle ? Que faudrait-il donc faire, mettre en lieu et place de ce que nous pratiquons actuellement et depuis tant de décennies, voire de siècles et qui permettrait d'éviter ces scénarios catastrophes ?

Pour l'instant, et si l'on n'approfondit pas trop, on peut encore faire semblant que ces chiffres, ces alertes ne nous concernent pas et qu'il ne s'agit là que de quelques menaces encore assez vagues et lointaines.

Il faut dire que les médias, l'ambiance générale, et nos propres peurs sont bien là pour nous détourner de cette prise de conscience. Pourtant et plus ou moins consciemment, nous le savons bien, nous le sentons bien, le danger arrive, les choses changent inéluctablement et les menaces se rapprochent. Nous voulons continuer comme avant, faire semblant que nous ne voyons rien changer, et nous continuons de miser sur un avenir glorieux dans la continuité de ce que nous avons vécu jusqu'ici.

Les peuples voudraient continuer à l'identique et ils réclament, par exemple, des retraites toujours plus confortables avec un âge de départ à la retraite le plus bas possible. Légitime tout cela, bien sûr. Mais, sur cet exemple des retraites, aucun de ceux qui réclament ne voit-il donc les changements comme celui qui indique que lorsque le système des retraites fut mis en place au sortir de la guerre en 1946, il y avait 4 salariés pour 1 retraité, alors qu'aujourd'hui il n'y a plus que 1,7 salariés pour 1 retraité. Et l'on voudrait que rien ne change, que la croissance continue toujours et toujours alors que c'est précisément cette croissance exponentielle, non maîtrisée, qui emmène tant de difficultés. Continuer sans s'interroger sur la même lancée, c'est faire fi des changements qui s'opèrent. On ferme les yeux sur ce qui menace et l'on veut croire à un monde immuable. Les menaces sont subtiles et quasi invisibles, en tous les cas pour celui qui ne veut pas les voir. Nulle menace qui nous fasse prendre conscience d'un danger, rien de visible ni de spectaculaire en tous cas.

Pourtant, tenez, imaginons !

Vous vous promenez un jour de temps calme sur les quais d'un port de Méditerranée. J'ai choisi la Méditerranée car c'est là où l'effet des marées est le moins visible. Donc, ce matin-là et sans vent, il n'y a pas de vaguelettes ou si peu et l'on peut ainsi voir sur les pierres qui plongent dans l'eau révélant la limite sec/eau de mer comme un trait bien visible et assez précis. Mais imaginez que ce jour-là, lors de votre promenade quotidienne, vous découvriez que ce niveau marqué sur la pierre et que vous connaissiez bien pourtant, a soudainement augmenté de 40 centimètres. D'un coup, comme ça, sans prévenir. Un niveau bien visible, concret, mesurable. Quelle prise de conscience, quelle alerte ! Nous serions bien forcés de constater que quelque chose de grave se passe.

A coup sûr, nous aurions toutes les télés du monde qui seraient là pour filmer. Pour montrer comment c'était avant, puis maintenant. Recueillir les témoignages des témoins, des touristes, des pêcheurs qui diraient tous et d'une même voix grave :

– *oui c'est incroyable, on n'y croyait pas mais ça a bien monté, en une nuit, regardez, hier c'était là et maintenant... constatez vous-même !*

Une alerte, une vraie, qui fasse peur et éveille les consciences. Pouvoir se dire :

- *Nous l'avons vu, observé, et constaté de nos yeux. Cette fois nous y croyons ! Si l'on continue à reproduire les mêmes schémas, de poursuivre sans rien changer dans notre façon de vivre et de consommer notre planète, alors le pire va arriver. Nous avons compris que si l'on ne fait rien, l'année prochaine et chaque année à cette même époque, nous prendrons encore 40 centimètres. En 5 ans, cela fera 2 mètres ! Non ce n'est pas possible, nous ne pourrons plus vivre ici. Nous ne pouvons tolérer et accepter cela. C'est maintenant qu'il nous faut agir et nous allons nous engager et le faire, là, tout de suite, maintenant !*

Oui, mais cela, c'est de la fiction.

Car hélas, oui hélas, la réalité est bien plus terrible ! Terrible car c'est imperceptiblement, insidieusement, sournoisement, un demi-millimètre après l'autre, que la montée du niveau des mers (pour rester sur cet exemple) augmente, et cela c'est la réalité d'aujourd'hui, pas de la fiction ! Cela ne se fait évidemment pas par à-coup brutal ni par paliers successifs de 30, 40 ou 50 centimètres ! Non, cela se fait de façon invisible à l'œil nu, par paliers annuels et successifs de 1 à 2 millimètres.

Pourtant, nous voyons bien que, lorsque nous regardons nos côtes, nos ports, nous constatons que chaque hiver, la mer grignote le front de mer et emporte avec elle terrains et maisons en bord de mer.

Ou encore ces iles, ces atolls du Pacifique, ces terres du Bangladesh qui lentement sont submergées et les populations, devenues réfugiés climatiques, se déplacent et se replient à l'intérieur des terres. Mais c'est tellement loin de nous tout cela n'est-ce pas, en quoi cela pourrait-il nous affecter et nous concerner ?

Et puis, il faut bien le dire aussi, nous avons pris une telle confiance dans les capacités et les développements de la science qu'on la croit à présent capable de faire face à n'importe quelle situation.

– *Pensez, l'humanité a même mis le pied sur la Lune et demain sur la planète Mars ! Sur la Lune, oui monsieur, c'est pas rien ça, et bien autrement compliqué ! Alors ce n'est pas une élévation des mers de quelques 3 millimètres qui va nous faire perdre confiance dans les capacités humaines à résoudre ces problèmes !*

Ces réflexions, c'est tous les jours que l'on peut les entendre. Alors, et puisque cela n'est pas douloureux pour nous, vu du côté de notre monde industrialisé dont nous faisons partie, nous ne nous sentons pas concernés et nous ne voyons aucune raison d'entreprendre les vrais changements profonds et nécessaires.

Mais en sera-t-il toujours ainsi ?

Voici quelques lignes d'un article de Edouard Bard /

Climatologue, paru dans « Le Monde ».

« La pandémie de Covid-19 n'est sans doute pas d'origine climatique, même si nous n'avons pas encore de certitude sur les éventuels changements environnementaux qui auraient pu rapprocher les populations des animaux hôtes (chauve-souris et pangolin) de l'homme. Néanmoins, l'épidémie en cours donne à réfléchir aux climatologues, car elle préfigure en accéléré la propagation du réchauffement mondial prévu pour les prochaines décennies. La crise provoquée par le coronavirus constitue en quelque sorte une répétition générale, un crash test, pour les sociétés humaines ». https://cutt.ly/Pyap17h

Des changements qui seraient de taille à modifier notre impact sur le climat, sur notre façon d'épuiser les ressources de la Terre et de bien d'autres changements qu'il serait pourtant urgent d'entreprendre et d'opérer.

Ce qui est évidemment à redouter, c'est que lorsque les effets des différents changements commenceront à se faire sentir, seront visibles à l'œil nu et que l'on ne pourra plus les nier ou s'en détourner, il sera alors probablement trop tard. Les nombreux exemples de ce livre parlent d'eux-mêmes.

Pour se convaincre de la réalité de l'impact que l'homme a sur la Terre et du fait qu'il a réellement entre ses mains l'avenir de la planète, je voudrais vous montrer ces photos que vous avez peut-être déjà vues dans les médias au moment de la crise du covid-19. (je me dois de préciser qu'au moment où j'écris ces lignes – printemps 2020 – nous sommes encore en France en période de confinement).

Ces illustrations sont des photos satellites prises avant et après (ou pendant) la crise du covid-19, et qui a restreint où arrêté toute activité industrielle à Wuhan en Chine et de par le monde.

Voici des visions satellites de différentes régions à travers le monde. ici en Chine, Wuhan et Pékin :

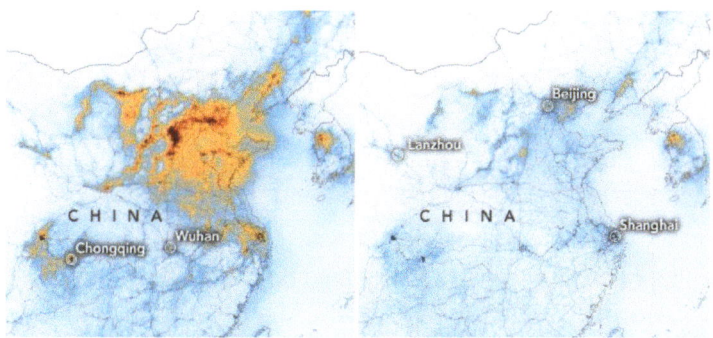

A gauche une photo satellite prise début janvier 2020.
A droite la même région photographiée fin février 2020 et qui montrent les concentrations en CO^2 au-dessus de la Chine, région de Wuhan. Celles-ci ont quasiment disparu.
https://cutt.ly/CyaaWG9

Les mêmes observations faites en Italie :

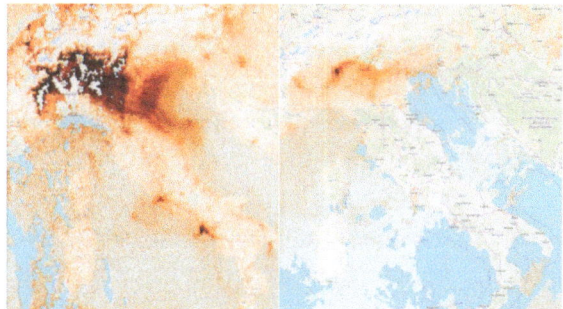

A gauche, sur la photo satellite prise le 08/02/2020, on voit très nettement la pollution au dioxyde d'azote.
A droite, sur un cliché satellite de la même région d'Italie prise le 7 mars 2020, on constate la quasi-disparition de la pollution. https://cutt.ly/nyaaBfK

Mêmes observations en France :

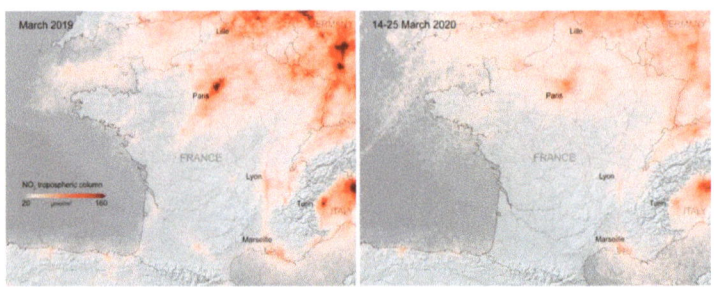

A gauche photo satellite datée de mars 2019.
A droite, photo de mars 2020. https://cutt.ly/uyaa8wl

**Cela est donc maintenant démontré :
on peut agir, le changement est possible !**

Oui, ces indications montrent de façon tangible et très visuelle que cela est possible et en plus que cela s'est fait en très peu de temps, ici environ 2 mois. Un changement dans nos habitudes, dans l'exploitation des ressources, dans notre industrialisation et dans notre consommation peut agir directement sur les changements et les blessures qui impactent si gravement notre planète.

Mais cette constatation, somme toute très positive, puisqu'elle nous dit que nous avons entre nos mains, à notre portée, les moyens d'agir, de réagir, qu'il n'y a pas de fatalisme ni d'espoirs impossibles, se heurte pourtant à une réalité très concrète qui appelle plusieurs remarques :

• Ces très nettes améliorations de la planète, visibles sur ces photographies, ne peuvent être – nous le devinons bien – que provisoires. Car les mêmes causes entraînant les mêmes effets, les pollutions et dégâts causés à la Terre reprendront dès la reprise des activités, à la fin de l'épisode Covid-19.

- Afin de maintenir nos besoins et habitudes de consommation, il faudra bien que la vie industrielle reprenne. Nous en avons besoin et c'est ce qui fait notre mode de vie et donne un emploi à chacun. Pas question de se passer de véhicules, de construction, de chimie, d'industrie ou d'exploitations minières, sauf à vouloir changer nos modes de fonctionnement issus de l'industrialisation du XIXème siècle.
- Récemment, des scientifiques et écologistes, devant les résultats très positifs sur la pollution ont proposé de revoir les systèmes de production afin de limiter autant que faire se peut l'impact des activités humaines sur le climat.

Cette proposition a été très mal accueillie par nombre d'industriels et d'élus qui ont dénoncé ces propos affirmant qu'il fallait au contraire mettre tout en œuvre pour rattraper le retard pris durant le confinement afin de relancer la croissance et surtout relancer l'emploi au plus vite. Terrible et insoluble dilemme. (cf. Comment concilier écologie et croissance économique : https://cutt.ly/IyXOiX9)

Vouloir le changement en montrant que cela est possible est une chose, c'en est une autre que d'imposer aux états et aux industries du monde entier d'agir tous ensemble et collectivement en allant dans le même sens afin de réduire les pollutions que nos modes de vie imposent à la planète Terre.

2. Pessimiste ou optimiste ?

Un sentiment de quiétude peut quelquefois être perçu parmi les populations qui peuvent se laisser aller à penser que nous avons encore beaucoup de temps devant nous, qu'il ne faut pas s'inquiéter et que l'on a encore largement le temps de réagir et de s'investir, et de se mettre en mouvement et se mobiliser.

On peut par exemple très bien comprendre que, lorsque certains évoquent le doublement de la population et ses 16 puis 32 milliards d'habitants sur Terre à la fin du XXIème siècle, et que dans le même temps, on voit les vastes étendues boisées d'Amazonie, ou bien les immenses étendues d'Australie, d'Argentine ou simplement en France les étendues quasi désertiques du Massif Central, on soit enclin à se dire qu'il reste quand même encore beaucoup de place pour s'installer et vivre sur Terre et que l'on a encore de la marge avant d'être trop à l'étroit.

Ce qu'il ne faut tout de même par perdre de vue en disant cela, c'est que pour s'installer, vivre et cultiver, il faut tout de même réunir quelques conditions essentielles et qui sont :
- des Terres cultivables et si possible de bonne qualité pour être exploitables et rentables,
- des terrains accessibles, en plaine ou alors pas trop escarpés – mécanisation oblige,
- de l'eau à portée pour l'irrigation des Terres et les besoins de la population,
- des voies d'accès rapides et entretenues pour desservir les lieux et emporter les marchandises

Voilà tout de même quelques conditions qui réduisent les possibilités d'expansion sur la planète et qui nous rappellent que si, par exemple Bornéo, les vastes étendues du désert australien ou les plaines de la Toundra restent quasi inhabitées, c'est bien parce qu'impossibles à exploiter.

Et puis, si vous êtes rassurés devant la place qui reste en ne voyant la Terre qu'à moitié remplie, je vous propose un petit problème de math.

Il est très simple, voici l'énoncé :

« Si l'on considère une mare contenant des nénuphars et sachant que la surface qu'occupent les nénuphars sur

cette mare doublent chaque jour et que la mare met un an pour être entièrement recouverte par les nénuphars, sachant que la mare a commencé à se couvrir de nénuphars le 1er janvier, quel jour de l'année la mare sera-t-elle recouverte à la moitié de sa surface ?

Réponse : l'avant-dernier jour de l'année écoulée, soit le 30 décembre, puisque remplie dans sa totalité le 31 décembre ! ».

Oui, vu du ciel, il reste de la place sur notre planète, mais à quel jour de l'année de l'histoire de la planète Terre, sommes-nous, le 28, le 29, ou bien le 30 décembre ?

Je n'ai pas la réponse et personne ne l'a. Nous n'avons que des pistes et des indices, et je vous en ai cités quelques-uns dans les chapitres précédents. Mais si la Terre ne vous semble remplie qu'à moitié…!

Les faits se heurtent en permanence à une réalité bien affligeante. J'en veux pour preuve ces prises de conscience qui se prennent et qui font changer les comportements, par exemple dans le recyclage des déchets.

3 - Ça déborde !

Notre monde est malade de ses déchets et chacun est appelé à trier, recycler et contrôler ce qui souille la Terre. Il faut impérativement empêcher que nos déchets rejoignent la mer. Mais le mal est déjà fait puisqu'en 1997 un 7ème continent de déchets a été découvert au centre du Pacifique.

Suite à l'effet des courants, les déchets s'empilent d'année en année et atteignent aujourd'hui une taille grande comme trois fois le territoire français. (photos p.122)

On peut voir à droite une militante de Greenpeace marchant sans s'enfoncer sur cette mer de déchets, quelque part en plein milieu de l'océan. https://cutt.ly/tyal5Hj

Mise au point de bateaux nettoyeurs...

Mais la prise de conscience a bien lieu et puisque les déchets sont déjà dans les océans, allant jusqu'à constituer ce septième continent, des initiatives ont lieu et de plus en plus de chercheurs et d'industriels mettent au point des machines permettant de récolter et de nettoyer les mers, océans et cours d'eau de leur pollution. Voir ci-dessous.

https://cutt.ly/LyazrYM

Pour quel résultat !

A l'heure où ces efforts de tri commencent à prendre forme, à l'autre bout de la planète, des pays n'ayant pas de système de tri ou de recyclage des déchets continuent à jeter leurs déchets dans les fleuves ou les océans.

Les camions se suivent et quotidiennement, c'est par centaines que ces camions poubelles alimentent les bateaux nettoyeurs développés par l'occident ! En voici trois exemples ci-après :

Dans l'Amazone au Pérou

https://cutt.ly/EyazUdU

Celui-ci en Equateur

https://cutt.ly/nyazFLm

Ou ceux-ci en Inde

https://cutt.ly/DyazJhK

Images consternantes n'est-ce pas ?
Constatation d'autant plus anxiogène lorsqu'un reportage télévisé récent montre des déchets Européens qui sont retrouvés en Afrique et en Asie.

Ils y sont expédiés par conteneurs entiers !

Il serait facile de dénoncer, de prendre un air outré du type : « *vous vous rendez compte comment certains pays s'occupent de la gestion de leurs déchets !* ».

Il faut être prudent dans ces dénonciations et nul n'est à l'abri, si j'en juge par cet article qui relève certains comportement ayant lieu dans nos pays d'occident.

"Arrêtez de nous envoyer vos poubelles"

https://cutt.ly/Kyaz6dL

Oui, en Europe nous avons pris conscience qu'il fallait traiter nos déchets. Mais non quand même, pas comme cela ! Décidément, il y a encore beaucoup de chemin à faire !

Il y a quelques temps, lors d'un repas entre amis, la discussion porta sur notre planète et les signes inquiétants envoyés par les différents comptes-rendus scientifiques, tous plus alarmants les uns que les autres.

Et je donnais pour ma part ces chiffres vus précédemment dans ce livre et qui concernent l'explosion démographique des XXème et XXIème siècle, qui indiquent les difficultés quasi insolubles rencontrées par les populations de la Terre pour la fin de ce siècle.

C'est alors que Christiane, une de nos amies présentes, m'interpella en me disant sur un ton navré :
– Ben toi alors Joël, mais qu'est-ce que tu peux être pessimiste !

Un peu interloqué par cette observation, je ne pus qu'attirer son attention sur le fait que lorsque Evelyne Dhéliat, l'animatrice TV, annonçait lors de son point météo que de violents orages de grêle étaient attendus et se produiraient cette nuit dans notre région, ce n'était pas par pessimisme, mais bien plutôt pour prévenir les populations de prendre leurs précautions et de se mettre, autant que faire se peut, à l'abri. La lecture de tous les indicateurs relevés dans les différents centres météorologiques de France et du monde étant reliés et s'ils convergent vers une conclusion alarmiste, il n'est plus temps d'imaginer un quelconque complot ou le pessimisme excessif d'une employée de la météo, mais bien plutôt de courir se mettre à l'abri en essayant de protéger les personnes et les biens d'une catastrophe imminente annoncée.

L'humanité pourtant agit de la même façon et traite les faits relevés çà et là par les scientifiques qui, quasi tous, indiquent une dégradation catastrophique et dramatique des conditions de vie sur Terre comme des propos alarmistes, pessimistes ou sans importance.

Mais au fait, des solutions existent-elles et est-il possible de les mettre en œuvre afin d'éviter que le pire – prévisible et annoncé – ne survienne ?

Sans aucun doute, elles existent ces solutions. Mais pour les mettre en place, il y faut à mon sens un élément essentiel, totalement indispensable et hélas, un de ceux que l'on a de plus en plus de mal à trouver parmi l'humanité de notre époque devenue trop individualiste.

Je veux parler de la solidarité. Celle qui pourrait, qui devrait réunir toutes les populations de la Terre et les trouver unies afin de faire face au danger qui menace, nous l'avons vu, jusqu'à la survie même de l'humanité. Ces qualités et cet instinct de survie, s'il est difficile à trouver chez la race humaine, se trouve pourtant, et c'est même leur règle d'or, au sein de certaines espèces animales.

4 - La ruche et la fourmilière

Je crois que la réussite de l'entreprise « sauvetage de la planète » ne peut se faire qu'en appliquant et en développant la notion de partenariat, d'entraide ou pour prendre une métaphore sportive, de jeu collectif.

Tout le monde connait ou a déjà entendu ces consignes données aux joueurs, tels ceux du football ou du rugby :

« pour gagner, il faut jouer collectif ! »

Tel sportif agile et doué, bien entraîné et à son meilleur niveau, n'est rien s'il n'y a pas autour de lui une équipe qui joue ce fameux jeu collectif. Une action de jeu n'aboutit au but ou à l'essai que si la phase de passe du ballon et de montée vers le but adverse s'est bien faite, a été bien construite et ce n'est qu'au final que – peut-être – le joueur le mieux placé pourra concrétiser et marquera pour son équipe.

C'est cet instinct que l'on trouve dans la ruche ou la fourmilière qui leur permet de faire vivre chaque individu. Le collectif, c'est faire passer l'intérêt commun avant sa personne. Être prêt à se sacrifier, à donner son temps, son énergie, le meilleur de soi sans rien garder, à renoncer à tel avantage ou de réclamer tel profit ou faveur, c'est cela le jeu collectif.

Les abeilles et fourmis l'appliquent et le vivent et sont un exemple de cohésion pour vivre, survivre et se développer. « Toujours et tous unis dans l'adversité pour le bien commun ». Si nous comprenions leur langage, c'est, j'imagine, la devise que l'on trouverait gravée à l'entrée de leur ruche ou fourmilière !

Cela a pour nom, et on en parle beaucoup en cette période d'après Covid-19, la cohésion sociale. Mais dans le cas présent, cette cohésion sociale ne doit pas se jouer à l'échelon local, fut-il celui d'un pays, mais à l'échelle du monde.

Depuis le développement à outrance de l'industrie, le monde s'est rétréci. Le développement de l'aviation civile a tellement réduit les durées que l'on parcoure aujourd'hui le monde d'un bout à l'autre en seulement quelques heures.

Extraordinaire progrès technologique bien sûr. Mais s'est-on soucié de ces populations que l'on survole à plus de 10.000 mètres alors que depuis la savane, les yeux levés au ciel pour voir passer l'avion aux reflets d'argent, certaines populations vivent dans des huttes en torchis !

Il est bien loin alors le jeu collectif. Et en définitive, avoir raccourci les temps de parcours pour aller à l'autre bout de la planète sert surtout à y faire confectionner, par des petites mains à la main d'œuvre dérisoire, nos produits manufacturés à des prix défiant toute concurrence.

A l'heure où la Terre prend conscience de sa vulnérabilité et de l'effort commun nécessaire afin de construire l'avenir, il est bien inquiétant de ne voir que des projets à rendement immédiat et maximum et aucun effort collectif n'être envisagé pour mettre notre propre habitat hors de danger.

Oui, des solutions existent mais elles ne peuvent exister, se mettre en place que par un effort collectif. Car que peut-on demander à ces populations qui n'ont pas accès à ce que l'on estime être, pour nous occidentaux, le strict minimum comme le simple confort de base que représente l'accès à l'eau, à la nourriture, aux soins et à la santé, à un toit ?

J'ai été frappé il y a quelques temps des propos de Yann Arthus-Bertrand lus dans « La Tribune », mais entendus aussi dans d'autres média et notamment à la radio où il affirme ce message : « Je suis profondément convaincu que c'est par l'amour, l'empathie et la solidarité que nous pourrons faire bouger les choses vers le meilleur ».

https://cutt.ly/jyDcs3L

S'il faut remettre à plat l'exploitation et la remise en état de la planète, cela ne peut qu'aller de pair avec une plus juste répartition des besoins de base des populations défavorisées.

Si nous ne sommes pas capables de simplement répartir équitablement les ressources de la Terre, il est à craindre que nul ne pourra mettre en place les ressources nécessaires pour sauver notre lieu de vie.

Il faudrait aussi que cesse cet instinct de domination et de possession quasi maladif qui fait que l'on fait passer ses intérêts et son confort avant tout le reste. Et ici, ne pas jouer collectif, c'est aller droit dans le mur.

L'homme pourra-t-il encore longtemps continuer ainsi sans se soucier de l'état de la planète, exploiter pour le seul profit des pays industrialisés les ressources et les richesses de le Terre ?

N'y aura-t-il rien pour l'arrêter ? Continuera-t-il ainsi son parcours sans autre préoccupation que l'immédiat ? Ce que je crains, c'est que l'humanité insouciante, ou en tout cas ne voulant rien voir ou modifier dans son comportement de prédateur, ne soit comme cet homme qui, faisant une chute du 20ème étage, s'exclamerait lorsqu'il se trouve en chute libre au niveau du 1ᵉʳ étage : *« jusqu'ici, tout va bien ! »*.

Cette attitude, qui consiste à se détourner de la vérité et de la réalité parce qu'elle est trop dure à regarder en face, ne protège pas des conséquences irrémédiables qui sont en train de se jouer et de se mettre en place, et qui arriveront de façon inéluctable. Et le dicton populaire le dit :
« fuir n'élimine pas le danger ! ».

Alors… ! Alors, face à cette amie qui m'estimait pessimiste parce que citant des faits établis, j'aurais eu envie de lui dire que, face à ce cahot annoncé, prévisible et qui paraît bien incontournable, je ne suis pourtant pas, moi, pessimiste, mais en réalité irrémédiablement, profondément et en dépit de toutes les apparences et au risque de passer pour fou, je suis et demeure : résolument optimiste pour l'avenir.

« Ah ! Enfin la voici sa solution pour échapper à tout cela, le pire n'est donc pas à craindre. La voici et il va nous la présenter à présent ! »

5. Des propos rassurants

Au risque de surprendre, eh bien non, je ne crois pas que l'humanité trouvera le moyen d'échapper à son destin. Imaginer qu'elle va enfin, prenant conscience du danger, se ressaisir à temps et prendre les décisions drastiques qui permettraient de changer les paradigmes et d'assurer paix et prospérité pour notre futur. Non cela, je ne le crois pas et l'affirmer ne serait qu'une utopie de plus. Le monde, hélas, a bien prouvé depuis des millénaires son égoïsme et son « jusqu'auboutisme » forcené, l'amenant à l'auto destruction.

En réalité, ce qui me frappe le plus quand j'écoute tous ces commentateurs, scientifiques, écologistes ou politiques qui parlent et annoncent des cataclysmes et des bouleversements jamais vus jusqu'alors, et j'en ai énuméré une quinzaine dans le chapitre 3, c'est que, face à ces défis et face à chacun des domaines abordés, ils affirment : *« Si nous continuons comme cela, dans le même sens ou sans modification de nos comportements, on ne s'en sortira pas ! »*.

Sous-entendant par-là que l'homme n'ayant pas d'autre choix pour s'en sortir, il va réagir, se prendre en main et entraîner chacun dans un sursaut salvateur. Que tous les états de la Terre comprenant l'urgence de la situation, et que les populations prenant conscience des défis à relever, prendront enfin les décisions qui permettront d'éviter le pire.

On l'entend souvent cette phrase de la part de grands penseurs ou d'intellectuels, et je me souviens l'avoir entendue dans la bouche de personnalité comme Hubert Reeves, Hélène Carrère d'Encausse et bien d'autres.

Cette phrase, c'est tout simplement :

« Il faut garder l'espoir car, si on baisse les bras, on risque de démoraliser l'humanité, de démobiliser les élans et stopper les initiatives. Il faut dire et expliquer que rien n'est jamais définitif et qu'en s'y mettant tous, on va s'en sortir ».

Magnifiques paroles, prononcées par des âmes généreuses et qui refusent de s'avouer vaincu, de baisser les bras.

Beaucoup, lorsqu'ils parlent ou décrivent les situations catastrophiques à venir, concluent le plus souvent leurs propos par une phrase que l'on retrouve toujours ou quasi sans exeption dans leurs conclusions, et c'est : *« cela sera ainsi **SI NOUS NE FAISONS RIEN** »*, ou bien *« cela pourrait arriver, mais nous savons bien que l'humanité* *maintenant prévenue va réagir et empêcher le pire de se produire ! »*

Sous-entendu : « *Heureusement que nous vous avons prévenu et que nous avons cerné le problème car, maintenant que nous savons ce qui nous attend si rien ne bouge, alors, c'est certain, la planète toute entière va maintenant agir, empêchant ainsi au pire d'arriver* ».

Et vous y croyez, vous, à ces paroles rassurantes ?

Il y a une cinquantaine d'années, le commandant Cousteau déclarait dans une interview : « *Les difficultés que pourrait vivre la planète dans un proche avenir sont immenses et, si rien n'était fait, nous irions vers des catastrophes terribles et des situations désespérées. Mais pour ma part, je crois en l'homme et en sa faculté de réagir devant la difficulté avant qu'il ne soit trop tard...* »

Ces propos rassurants, il les a prononcés en 1980, il y a donc presque un demi-siècle. On sait où on en est aujourd'hui et où en sont les prises de conscience de l'humanité face à son destin ! Rien n'a bougé ou si peu et les difficultés se sont largement amplifiées.

Au vu de ce que l'humanité, tout au long de son histoire, a vécu, perpétré et reproduit, eh bien **NON**, je ne crois pas qu'il faille se bercer d'illusions. **Le miracle de la prise de conscience salvatrice n'aura pas lieu, je ne le crois pas.**

> *Et cela, il faut oser le dire, l'écrire et arrêter d'écouter ces faiseurs de mirages qui veulent nous faire croire que, prenant conscience de ce qui se prépare et qui va arriver, l'humanité va radicalement changer ses modes de fonctionnement et que l'on va finalement s'en sortir*

Mais alors quoi, vous nous annoncez que l'humanité est donc appelée à disparaître de la surface de la Terre, ayant détruit son habitat et son milieu de vie ?

Cette hypothèse, nous l'avons vu précédemment, est envisagée et acceptée (contrainte et forcée évidemment) par de plus en plus de monde, collapsologues en tête.

Mais pour ma part, moi qui suis croyant, chrétien engagé, j'ai une autre vision de l'avenir. Oh je sais bien, dans notre monde occidental du XXIème siècle déchristianisé, cela pourra paraître bien illusoire, absurde, hors de propos et tellement irréel. Pourtant le livre des chrétiens, la Bible, contient des paroles étonnantes et que vous n'avez peut-être jamais lues.

Voulez-vous me suivre quelques pages encore ?

Je me propose dans le prochain chapitre de vous faire découvrir une vision vraiment différente de ce que vous avez sûrement déjà lu et qui concerne les temps que vit la Terre aujourd'hui.

Mais une remarque au préalable :

Si l'on vous disait que l'on trouve chez Nostradamus, dans les prévisions mayas ou bien dans d'autres prédictions de toutes sortes, des écrits qui concernent directement ce que l'on appelle les temps de la fin ! Au moins par curiosité prendriez-vous bien quelques instants pour parcourir ces lignes et voir par vous-même ce qui se dit sur ce sujet dans telle ou telle civilisation ! Et bien voulez-vous me suivre quelques instants encore afin que je puisse vous montrer comment le christianisme aborde ce thème ?

Parce que le monde chrétien vous est plus ou moins familier, peut-être croyez-vous le connaître ? Ce que vous connaissez (ou croyez connaître) ne vient-il pas de lointains souvenirs, dans le fond jamais vraiment étudiés ni approfondis ? Et est-il si sûr que vous connaissiez ces textes bibliques dont personne, jamais, ne parle !

Ce sont ces thèmes qui concernent la fin du monde tels que la Bible les aborde que je voudrais à présent vous présenter. Vous les faire découvrir afin de les lire et les étudier.

Je sais bien que ce faisant, je vais m'adresser principalement à quatre types de lecteurs :

- A vous **non croyants**, qui pourtant êtes prêts à parcourir ce que Nostradamus a dit sur le sujet, je vous propose, à vous, qui vivez dans cet occident qui même s'il a bien souvent oublié ses références et ses racines chrétiennes, n'en reste pas moins marqué par cette tradition deux fois millénaire. A la fin de cette lecture, vous aurez une vision plus juste et plus précise de ce que contient ce livre qui sert de référence aux chrétiens : la Bible.
- A vous, **croyants, chrétiens**, qui peut-être sans le revendiquer, ni l'affirmer haut et fort, avez été baptisés dès votre jeune âge et vous vous définissez par cet adjectif souvent entendu : *croyants/non-pratiquants*. A vous qui, probablement à la fin de votre vie, souhaiterez être enterrés selon les rites de votre église, vous découvrirez quelles sont les affirmations contenues dans ce livre et dans cette révélation. Ces textes vous guideront vers des textes et des thèmes que vous n'aviez peut-être jamais explorés jusqu'ici.
- A vous **chrétiens, croyants, engagés** mais qui n'avaient peut-être jamais réellement lu ces textes ni compris leur actualité, suivez-moi et laissez-vous guider par eux. Le plus souvent paroles du Christ, elles portent en elles un formidable espoir.

Cet espoir, je vous propose de le redécouvrir et de le redéfinir ensemble.

- A vous **chrétiens qui avez conscience de vivre le commencement des temps annoncés par le Christ,** venez revisiter ces textes avec moi. Prenez-en conscience et raffermissez votre foi, ses paroles sont certaines et les temps annoncés sont là, sûrement beaucoup plus proches que nous ne l'imaginions jusqu'alors.

Celui qui a dit *« Il est écrit »* vous en fait la promesse.

Au fil de ce prochain chapitre, vous constaterez alors que si je redoute comme vous l'avenir proche et le déferlement de menaces, de catastrophes et de violences dues aux difficultés croissantes que vont rencontrer toutes les populations de la Terre et que j'ai décrites au chapitre 3 de ce livre, en revanche, je sais que l'on commence à voir se matérialiser, une autre suite, une autre fin et qu'au final un autre espoir existe.

Ces paroles sont incroyables de modernité puisqu'elles ont traversé deux millénaires et qu'elles semblent pourtant avoir été écrites hier.

Mais laissez-moi à présent tourner la page, ouvrant ainsi la deuxième partie de ce livre qui présentera et développera ce thème incroyable et merveilleux de l'espoir qui accompagne et jalonne, pour le chrétien, les textes bibliques lorsqu'ils évoquent et présentent :

La fin du monde.

Avant d'aborder cette deuxième partie, j'aimerais commenter la phrase attribuée au réformateur protestant Martin Luther et que j'ai placée en épigraphe tout au début de ce livre en page 7, lorsqu'il l'affirme :

« *Si l'on me disait que la fin du monde est pour demain, je planterais un pommier* ».

Alors que dans cette nouvelle section je vais développer des notions spirituelles, reprendre ces paroles millénaires des apôtres et du Christ et que nous allons étudier ensemble ces avertissements et ces mises en garde sur un avenir qui s'annonce toujours plus difficile, je veux moi aussi proclamer mon adhésion à ces paroles de sagesse prononcées par le grand réformateur au XVIème siècle.

Car ces paroles rappellent qu'au fond c'est la vie qui est la plus forte et que le plan de Dieu pour l'humanité au départ était bien là. Rappeler que si la terre arrive à ces extrémités c'est bien de la faute de l'homme et nullement de celle de son créateur. Rappeler enfin ces paroles du Christ lui-même qui l'affirme « *nul ne sait ni le jour ni l'heure où ces événements arriveront* ». **Matt 24.36**

Autrement dit, oui, c'est sûr, je le crois, ces temps arriveront et si des signes nous renseignent sur l'époque de leur venue, **NUL** ne peut annoncer le moment de leur accomplissement. On observe aussi que dans cette phrase du théologien ce n'est pas un arbre quelconque qui est planté, mais un arbre fruitier, réclamant donc des soins et du temps pour arriver à maturité et que celui qui l'a planté jouisse de ces fruits.

Oui je veux moi aussi, aujourd'hui, planter un pommier, parce que je ne connais pas l'échéance du plan de Dieu face au désordre mené par l'homme sur sa création.

Profiterai-je des fruits de mon pommier et durant combien de temps ? Personne ne le sait puisque ce temps n'est pas le mien mais celui de Dieu.

DEUXIEME PARTIE

Un monde pour demain

*« Un seul rayon de soleil suffit à dissiper
des millions d'ombres »*
François d'Assise

6 - L'ESPERANCE CHRETIENNE

Parler d'espérance chrétienne alors même que je n'ai évoqué jusqu'à présent que les différents maux qui attendent de façon quasi inéluctable l'humanité sans beaucoup d'autres issues possibles, cela pourra paraître inaudible pour certains. Je m'en rends bien compte.

Pourtant, simplement, Bible et références précises en main, je voudrais vous faire découvrir et analyser des textes et vous montrer ce qui se cache réellement et concrètement au cœur du message biblique chrétien.

Il y a deux ans que j'étudie et me penche sur le thème de ce que notre planète Terre renvoie à l'humanité et qui indique que les signaux passent tous les uns après les autres au rouge et que quelque chose de grave se prépare. Je me suis donc penché, non seulement sur ces alertes visibles et concrètes pour tout un chacun, mais j'ai aussi entrepris de revisiter ce thème des temps de la fin.

Je voudrais préciser ici que cette recherche et approche se veut hors de toute église particulière et concerne donc tous ceux qui souhaitent étudier et lire les textes tels que chacun peut les lire dans nos Bibles.

Ce thème de la fin des temps ou de la fin du monde est très répandu dans la Bible et annoncé à de très nombreuses reprises par différents écrivains bibliques, que ce soient les auteurs et prophètes de l'Ancien Testament, mais aussi et surtout dans la bouche même du Christ, ainsi que dans celles de tous les différents auteurs du Nouveau Testament.

Mais s'agit-il vraiment d'une croyance commune à tous les milieux et toutes les églises chrétiennes ou bien la simple expression de quelques communautés, groupuscules ou minorités chrétiennes disséminées ça et là ?

1 - Une croyance commune

Si je parle de ce sujet de la fin des temps comme d'une croyance commune à tous les chrétiens, c'est qu'une profession de foi identique à tous est partagée, celle précisément qui évoque les temps de la fin. Quelques puissent être les différences d'interprétations sur tel ou tel thème, il est extraordinaire de constater que sur ce sujet de la fin des temps, TOUTES les églises chrétiennes ont une foi commune et parfaitement identique en ce qui concerne les temps de la fin.

Cette croyance, on la retrouve retranscrite quasiment à l'identique, inscrite mot pour mot dans tous les crédos des différentes communautés chrétiennes à travers le monde.

Cette croyance peut se résumer par ces paroles que je cite ici, il s'agit d'un extrait du crédo de l'
Eglise Catholique Romaine :
- « Il reviendra dans la gloire, pour juger les vivants et les morts et son règne n'aura pas de fin. Je crois à la rémission des péchés, à la résurrection de la chair, à la vie éternelle ».

Au moment où, après plus de deux millénaires de l'histoire du christianisme, après les luttes de pouvoir intestines des différentes communautés chrétiennes, après le début du protestantisme et les guerres de religions qui s'en suivirent, et après tant de massacres perpétrés, on pourrait croire que les paroles que je viens de citer et issues du concile de Nicée (325 après JC) sont propres à la seule Eglise Catholique Romaine et ne sauraient être un repère ou une ligne de conduite pour les autres communautés et églises chrétiennes qui ont fait schisme avec l'église mère depuis de nombreux siècles.

Eh bien il n'en est rien, ce n'est pas cela du tout et ce n'est pas ce qui s'est passé. En réalité, voici le crédo des principales autres églises chrétiennes. Ces lignes, je les ai relevées (par un simple copier/coller) dans les sites de chacune de ces différentes communautés et cela retranscrit donc très fidèlement leur propre crédo avec leurs propres mots. Après avoir lu le crédo de l'Eglise Catholique Romaine, voici donc le crédo des principales autres églises chrétiennes :

- **Eglise Orthodoxe** : « Il reviendra en gloire juger les vivants et les morts et son règne n'aura pas de fin ».
- **Eglise Protestante Unie de France** : « Il est monté au ciel, il siège à la droite de Dieu le Père tout-puissant ; il viendra de là pour juger les vivants et les morts. Je crois à la rémission des péchés, à la résurrection de la chair et à la vie éternelle ».
- **Eglises Evangélique/Méthodiste/Baptiste...** « Il est monté au ciel, Il est assis à la droite de Dieu, le Père tout-puissant ; Il viendra de là pour juger les vivants et les morts ».

- **Eglise Adventiste** – « Les conditions actuelles qui règnent dans le monde indiquent que la venue du Christ est imminente. Lors de son retour, les justes morts ressusciteront ; avec les justes vivants, ils seront glorifiés et enlevés au ciel » (croyance fondamentale n° 25)
- **Eglise Anglicane** : « Il reviendra en gloire juger les vivants et les morts et son règne n'aura pas de fin ».
- **Traduction œcuménique** du crédo de Nicée : « Il reviendra dans la gloire pour juger les vivants et les morts et son règne n'aura pas de fin.

Ces paroles sont donc bien celles édictées par le concile de Nicée en 325 et reprises par la quasi totalité des églises chrétiennes. Le concile de Nicée eut lieu après trois siècles d'un christianisme naissant et persécuté. Mais le christianisme s'ouvrant de plus en plus et devenant accessible et ouvert pour tous, le besoin se fit alors ressentir de clarifier les croyances et de mettre un crédo en place afin d'éviter et de contrer certaines hérésies naissantes.

Ce texte est aussi appelé « symbole des apôtres ». L'empereur Constantin se faisant baptiser en l'an 337, la foi chrétienne devient dès lors religion d'état et imposée dans tout l'empire romain.

Voici donc une croyance commune à toutes les églises chrétiennes et que l'on peut résumer ainsi : toutes ces églises croient à un retour du Christ réel, physique et qui aura lieu à la fin des temps, moment où seront jugés les vivants et les morts.

Sont donc énoncés ici dans cette partie du crédo trois thèmes qui surviennent quasi simultanément et qui sont :

- La fin des temps, ou fin du monde
- Le retour du Christ
- Un jugement appliqué aux vivants ainsi qu'aux morts ressuscités

La force qui se dégage de ces propos vient de l'acceptation de l'unanimité des églises chrétiennes qui se retrouvent toutes autour de ce thème. Nous le savons bien, il y a des oppositions et des lignes de pensée qui séparent et divisent les églises et diverses communautés chrétiennes entre elles. Cela passe par l'adoration ou non de la vierge Marie, le rôle des pénitences ou de la grâce pour le salut des fidèles et des pécheurs ou encore de l'adoration des saints ou la reconnaissance ou non du rôle de l'évêque de Rome, le pape et l'autorité papale comme seule et suprême autorité de l'église, etc.

Oui c'est vrai, il y a ces différences. Mais il y a ici et sur ce point que je viens de citer un consensus enthousiasmant dans le fait que TOUTES ces églises prédisent et annoncent dans leur crédo les mêmes croyances au sujet de la fin des temps. Pourquoi enthousiasmant ?

Mais parce que ce consensus va nous permettre de développer ce thème sans risquer d'offenser ou de mettre mal à l'aise l'une ou l'autre de ces communautés puisque toutes sont à l'unisson de pensée au moins en ce qui concerne les temps de la fin. Mais d'où vient donc ce rapprochement et pourquoi un tel consensus autour de ce thème ? Eh bien, c'est tout simplement qu'au moment de rédiger le texte du concile de Nicée, les rédacteurs étaient à l'unisson des textes bibliques, car les paroles même de Jésus, ainsi que les commentaires des apôtres étaient parfaitement clairs et compris sans ambiguïté.

Alors quels sont ces textes et que disent-ils ?

2 – Les promesses bibliques

Je voudrai préciser au préalable que les textes bibliques que je citerai seront toujours indiqués en italique afin qu'ils puissent être repérés plus facilement. Cela servira aussi à les isoler de mes propres commentaires et aussi, pour ceux qui le souhaitent, d'aller les retrouver dans une Bible que vous avez peut-être chez vous ou bien sur Internet.

<u>Une précision</u> : il y a plusieurs sites qui permettent de lire la Bible gratuitement sur Internet. Personnellement, j'utilise et apprécie le site lire.la-bible.net, car il permet la comparaison en parallèle entre plusieurs versions différentes. Sept en français, une en anglais, une en espagnole : La Traduction Œcuménique de la Bible (2010), La Nouvelle Français courant, La Bible Parole de Vie, La Nouvelle Bible Segond (NBS), La Bible en français courant, La Colombe, Louis Segond 1910, King James (traduction en anglais), Reina-Valera (en espagnol).

Vous pouvez consulter ce site sur :
https://lire.la-bible.net/79/lire/chapitres/traductions

Mais parcourons à présent quelques-uns de ces textes.

Le premier que je voudrais citer a une place à part dans les évangiles car ces paroles, Jésus les prononce au cours du dernier repas qu'il vivra avec ses disciples, là où il instaure le repas de communion que toutes les communautés chrétiennes reprendront celui où l'on commémore le don de sa vie par son corps et son sang.

C'est au cours de ce repas qu'il leur parle une nouvelle fois de son départ puis de son retour. Ces paroles sont donc comme un testament et prennent une grande importance puisque qu'elles sont parmi les dernières de son ministère parmi les hommes.

- Une promesse /
  Evangile de **Jean chapitre 14, versets 1 à 3**

« Que votre cœur ne se trouble point. Croyez en Dieu, et croyez en moi. Il y a plusieurs demeures dans la maison de mon Père. Si cela n'était pas, je vous l'aurais dit. Je vais vous préparer une place. Et, lorsque je m'en serai allé, et que je vous aurai préparé une place, je reviendrai, et je vous prendrai avec moi, afin que là où je suis vous y soyez aussi ».

Ce premier texte présente l'idée qu'il s'agit bien d'un plan, d'une organisation et non d'un « rattrapage » postérieur. Je souligne ce fait parce que l'on pourrait s'imaginer que c'est l'homme du XXIème siècle qui, par opportunisme, par peur, puisque mis face à ces éléments que j'ai détaillés tout au long des pages de ce livre, et qu'ils se disent :

– Je vois, la religion s'est emparée de la chose et vite fait bien fait, elle tente de nous vendre un bon Dieu qui va nous sortir de là !

Eh bien non, rien d'humain ni de récent dans ces paroles. Ces textes ont suivi et accompagné les chrétiens durant plus de deux millénaires. Et si ces textes prennent une telle actualité maintenant, c'est que le monde du XXIème siècle est précipité dans une situation de chaos bientôt irréversible.

En prononçant ces paroles d'espoir mentionnant un départ et un retour, Jésus parle bien ici d'un temps de préparation. Et il précise que lorsque cette tâche de préparation sera accomplie, en somme, quand tout sera prêt *« là-haut »*, alors il reviendra pour chercher et ramener avec lui les habitants de la Terre, pour qu'ils puissent vivre éternellement auprès de lui, dans le ciel.

Certains voient dans ces paroles un concept, une idée qu'aurait eu Jésus pour parler des temps de la fin et qu'il faut garder cela comme tel, un concept abstrait, que ce retour est irréel, coupé de toute réalité. Mais observez les mots, les verbes d'actions : croyez, je vais vous préparer, je reviendrai, je vous prendrai, afin que vous y soyez... Ces verbes indiquent un mouvement, des actions, contiennent une promesse.

Jésus s'engage personnellement dans ces actions. Il parle de son départ « lorsque je m'en serai allé », et cela a bien eu lieu.

Les chrétiens croient que Jésus, le Christ, est remonté vers son Père et que – comme le dit le crédo accepté par tous – il siège à la droite de Dieu.

Oui, les chrétiens croient que Jésus, selon les récits des évangiles, quarante jours après Pâques, est remonté au ciel. Si donc nous croyons à ce déplacement vertical, d'une montée de Jésus vers le ciel et alors que chaque croyant croit effectivement que ce moment a bien eu lieu – n'est-ce pas d'ailleurs cela que fêtent les croyants au moment de « l'ascenssion » – pourquoi donc lorsque Jésus leur parle aussi dans la même déclaration de son retour ayant lieu de la même manière dans un mouvement vertical de descente du ciel vers la Terre, cela n'aurai-t-il pas lieu ?

Rappelons-nous aussi les paroles des messagers du ciel juste après ce moment de l'ascenssion.

Jésus, entouré de ses disciples, se trouve sur le mont des Oliviers et là, il s'élève dans les airs car il quitte la Terre pour remonter au ciel vers son Père. Et alors que les disciples sont là, les yeux fixés en l'air, cherchant à apercevoir Jésus qui vient de disparaître à leur vue, deux personnages apparaissent.

« Et comme ils avaient les regards fixés vers le ciel pendant qu'il s'en allait, voici, deux hommes vêtus de blanc leur apparurent et dirent : Hommes Galiléens, pourquoi

vous arrêtez-vous à regarder au ciel ? Ce Jésus, qui a été enlevé au ciel du milieu de vous, viendra de la même manière que vous l'avez vu allant au ciel »
Actes des apôtre 1.10-11

Le texte des Actes des apôtres l'affirme : « *Il reviendra de la même manière* ».

De la même manière ! Je ne sais pas comment comprendre autrement ces paroles que dans leurs plus simple expression, c'est à dire reproduisant dans un mouvement vertical identique, mais cette fois en sens inverse puisqu'il ne part plus mais qu'il revient.

Si la question de la réalité de son retour ne peut guère être remis en question il y a bien un autre questionnement qui vient ensuite immédiatement, et c'est : mais quand cela va-t-il se produire ?

Et là, il faut impérativement être humble et mesuré pour répondre. Car, si tant de personnes se sont détournées de la réalité du retour du Christ, c'est bien souvent à cause de tous ceux qui, de bonne foi et tellement désireux de voir l'événement se produire, l'ont annoncé, ont donné des dates, des périodes et se sont tous trompés. Emportant avec eux de nombreux croyants qui ont perdu foi en ce retour, puisque ces vaillants hérauts s'étaient égarés.

Ce message était donc faux ?

Le message, non, sûrement pas, mais tous ces annonciateurs avaient oublié une parole pourtant très précise et dite par le Christ lui-même lorsqu'il affirme :

- Dieu seul connaît la date / **Matthieu 24.36**

« *Mais pour ce qui est du jour ou de l'heure, personne ne les connaît, pas même les anges dans les cieux, ni même le Fils ; le Père seul le sait* ».

C'est d'avoir oublié ces paroles qui conduisit à tant de déception. Mais si le Christ ne dit pas quand cela va se produire, à ses disciples qui l'interrogent il donne tout de même des indices, comme des signes annonciateurs.

- **Des signes annonciateurs 1 / Matt 24.6-7**

« Vous allez entendre parler de guerres et de rumeurs de guerres ; ne vous effrayez pas : il faut que cela arrive, mais ce ne sera pas encore la fin. Car on se dressera peuple contre peuple, royaume contre royaume ; il y aura des famines et des tremblements de terre en divers lieux ».

Des guerres : peuple contre peuple et royaumes contre royaumes, des tremblements de terre, des famines se produisent toujours plus intensément aujourd'hui en divers points de la planète. Il y en a toujours eu sans discontinuer et cela existe depuis toujours, comment dès lors prendre l'un ou l'autre de ces événements comme un des signes dont Jésus parle pour annoncer son retour ?

Il me semble impossible de repérer à l'avance l'un ou l'autre de ces faits comme l'événement attendu, celui qui déclenchera le commencement de la fin. On peut tout de même souligner que lorsque ces fléaux s'abattent sur la Terre en faisant (explosion démographique oblige) des milliers, voire des millions de morts, elles marquent bien une accélération des annonces dramatiques qui entourent les temps de la fin annoncés par le Christ.

On peut aussi souligner ici que, lorsque des événements graves de ce type se sont produits en divers moments de l'histoire, les fidèles qui guettaient ces signes pour annoncer le retour du Christ s'y sont engagés avec conviction pour comprendre plus tard que ce n'était pas encore le moment annoncé.

Si donc il est quasi impossible d'attribuer tel ou tel événement à ces prophéties, il faut bien avouer que notre monde du XXIème siècle devient de plus en plus et dangereusement instable. Les forces qui pourraient s'affronter deviennent de plus en plus puissantes et arrogantes, faisant craindre le pire. Réflexion à ramener avec le thème du nucléaire du chapitre 3, qui indique que aujourd'hui, pour les états, c'est la possession de l'armement nucléaire (appelé aussi dissuasion nucléaire) qui est le garant de la paix !

- Des signes annonciateurs 2 / **Luc 21.29-31**

« Puis Jésus leur dit cette parabole : « Regardez le figuier et tous les autres arbres : quand vous voyez leurs feuilles commencer à pousser, vous savez que l'été est proche. De même vous aussi, quand vous verrez ces événements arriver, sachez que le règne de Dieu est proche ».

Les voyez-vous vous les feuilles des figuiers ou les arbres qui bourgeonnent ? Pas facile n'est-ce pas pour l'homme des villes du XXIème siècle qui n'est plus très aux faits des manifestations et à l'affut des signes de la nature.

Mais si vous prenez les thèmes développés tout au long de ce livre, vous comprenez que quelque chose est en route, que quelque chose va se passer.

Les collapsologues prédisent une fin du monde avec un effondrement général, celui de la société avec des dérèglements comme on n'en a jamais vus. L'analyse que j'en ai faite nous indique bien que cela approche à grands pas, n'est-il pas temps d'observer ces signes et de les replacer dans un contexte où Jésus, le Christ, prépare son retour ?

- Un événement soudain / **1 Thessaloniciens 5.3**

« Quand les hommes diront : Paix et sûreté ! alors une ruine soudaine les surprendra, comme les douleurs de l'enfantement surprennent la femme enceinte, et ils n'échapperont point ».

Quand les hommes diront paix et sureté... Oui c'est vrai, cela est encore ici assez peu précis, mais j'y trouve une idée intéressante, c'est le parallèle avec la femme enceinte qui, la veille de son accouchement, peut n'avoir aucun symptôme, pas de contraction et qui, le lendemain, l'événement ayant eu lieu, bercera son enfant. Pour poursuivre la même image ; bien sûr qu'elle sait ce qui va arriver, son ventre proéminent est la certitude que cela va arriver très bientôt, car elle connaît le temps du terme de sa grossesse.

Le même parallèle peut être tiré en ce qui concerne les temps de la fin. Les signes du terme de la possibilité de la vie sur Terre sont tous là (vus dans le troisième chapitre de ce livre). Inutile de se bercer d'illusion, comme l'enfant à terme ne restera pas deux mois de plus dans le ventre de sa mère, la Terre, elle, à bout de ressources et submergée par une population trop nombreuse et bien d'autres signes, ne pourra pas surseoir très longtemps à des événements d'anéantissement.

- Un événement qui tarde / **2 Pierre 3.9**

« Le Seigneur ne tarde pas dans l'accomplissement de la promesse, comme quelques-uns le croient ; mais il use de patience envers vous, ne voulant pas qu'aucun périsse, mais voulant que tous arrivent à la repentance ».

On s'est beaucoup demandé et certains se demandent encore pourquoi il y a tant d'attente et pourquoi le Christ n'est pas déjà revenu. **2 Pierre 3.9** donne une réponse : *Le Seigneur use de patience ne voulant qu'aucun ne périsse.*

Ces paroles témoignent de l'amour de Dieu pour ses enfants, pour ses créatures. C'est pour qu'aucun ne périsse. Le temps se poursuit, nous le savons, nous le voyons, l'échéance ne tardera pas, mais Dieu use de patience...

- Le raccourcissement du temps / **Matt 24.21-22**

« Car alors, la détresse sera si grande qu'il n'y en a point eu de pareille depuis le commencement du monde jusqu'à présent, et qu'il n'y en aura jamais. Et, si ces jours n'étaient abrégés, personne ne serait sauvé ; mais, à cause des élus, ces jours seront abrégés ».

- Paul reprend ces promesses / **1 Corinthiens 1.6-8**

« Le témoignage rendu au Christ a été si fermement établi parmi vous qu'il ne vous manque aucun don de Dieu, à vous qui attendez le moment où notre Seigneur Jésus-Christ apparaîtra. C'est lui qui vous maintiendra fermes jusqu'au bout pour qu'on ne puisse vous accuser d'aucune faute au jour de sa venue ».

- Jésus prédit l'incrédulité face à l'annonce de son retour / **Matthieu 24.37-39**

« Ce qui s'est passé du temps de Noé se passera de la même façon quand viendra le Fils de l'homme. En effet, à cette époque, avant le déluge, les gens mangeaient et buvaient, se mariaient ou donnaient leurs filles en mariage, jusqu'au jour où Noé entra dans l'arche ; ils ne se rendirent compte de rien jusqu'au moment où le déluge vint et les emporta tous. Ainsi en sera-t-il quand viendra le Fils de l'homme ».

- De faux messagers **Matthieu 24.23-24**

« Si quelqu'un vous dit alors : "Regardez, le Christ est ici !" ou bien : "Il est là !", ne le croyez pas. Car de faux christs et de faux prophètes se lèveront ; ils accompliront des signes impressionnants et des prodiges pour égarer, si possible, même ceux que Dieu a choisis ».

Faux Christs et faux prophètes régulièrement annoncés
https://cutt.ly/8ya5UtJ / https://cutt.ly/5ya5SUB / https://cutt.ly/xya5PJS

Je n'ai cité ici que quelques textes annonçant ce retour dans les textes bibliques. Muni d'une concordance biblique, on peut en découvrir beaucoup d'autres.

3 – Un crédo contesté

Bien que, comme nous l'avons vu, toutes les églises acceptent et professent le crédo de Nicée, certains chrétiens aujourd'hui ont des compréhensions très nuancées par rapport au crédo de leur propre église et j'ai répertorié chez ces croyants plusieurs remises en question :

• Il y a des chrétiens qui, sans remettre véritablement en doute le retour du Christ, s'appuient sur cette parole du Christ que j'ai cité et qui dit *« Mais pour ce qui est du jour ou de l'heure, personne ne les connaît, pas même les anges dans les cieux, ni même le Fils ; le Père seul le sait ».* **Matthieu 24.36.** Ou encore *« Car vous savez très bien vous-mêmes que le jour du Seigneur viendra de façon aussi imprévisible qu'un voleur pendant la nuit »* **1Thess. 5.2**

S'appuyant sur ces déclarations, ils évacuent toute discussion sur ce sujet, affirmant :

– Nous ne savons rien de cet événement, ni où, ni quand, ni comment il aura lieu, alors ne perdons donc pas de temps à discuter de cela.

Ou encore, et cela revient très souvent lorsque l'on aborde ce thème

– Il y a tellement eu de fausses annonces que l'on y croit plus. Tellement de fausses croyances à ce sujet, passant par les millénaristes, la fin du monde prédite par les mayas, les prévisions de Nostradamus ou encore la grande peur de l'an 2000... Et puis quoi, il ne s'est rien passé et on est toujours là. Alors vos prédictions alarmistes... ! Non, vraiment, ce sujet ne nous intéresse pas !

• Il y a aussi ceux qui pensent que le Christ ne reviendra pas physiquement. Ou qu'il est déjà revenu, ou bien alors qu'il n'est pas parti. Et ils s'appuient pour cela sur les paroles du Christ quand il dit : « *Je suis avec vous tous les jours, jusqu'à la fin du monde* » **Matthieu 28.20**, ou bien encore « *Là où deux ou trois s'assemblent en mon nom, je suis au milieu d'eux* » **Matthieu 18.20**.

Ainsi, puisque Jésus affirme qu'il sera présent, c'est qu'il est encore, ou déjà, là, il n'a donc nul besoin de revenir. Et le plus souvent, ces croyants qui commentent ainsi ces paroles disent qu'il faut interpréter ces textes sur le retour du Christ comme des appels à la vigilance et ne sont pas destinés à être appliqués à la lettre avec un retour physique du Christ.

• Il y a enfin ces croyants qui s'apprêtent et se préparent à vivre ces événements. Ils ne sont pour autant pas plus rassurés ni heureux de vivre ces temps de troubles et d'angoisses pour les nations. Mais ils ont admis que ce passage nous amènera à vivre le plus merveilleux moment de l'histoire de l'humanité : la rencontre physique avec Jésus, le Christ, accompagné de gloire. Ce jour est annoncé comme merveilleux et terrible. Ecoutez comment l'apôtre Pierre le décrit :

« *Cependant, le jour du Seigneur viendra, comme vient un voleur. En ce jour-là, les cieux disparaîtront avec fracas, les éléments embrasés seront détruits, la Terre avec tout ce qu'elle contient sera mise à découvert pour le jugement. Puisque tout va disparaître de cette façon, veillez d'autant plus à votre comportement ! Que votre conduite soit tout entière conforme à ce que Dieu veut, pour attendre et hâter la venue du jour du Seigneur. En ce jour-là, les cieux enflammés seront dissous et les éléments embrasés se fondront dans la chaleur des flammes. Mais ce que nous attendons, selon ce que Dieu a promis, ce sont de nouveaux cieux et une nouvelle Terre, où la justice habitera ».* **2 Pierre 3.10-13**

    Ces chrétiens qui attendent le retour du Christ le voient ce moment, ils s'y préparent comme un moment amenant la fin de toute misère, la fin de la peur, la fin de la mort, du péché et le rétablissement de l'Eden où les filles et les fils, les créatures de Dieu retrouveront leur créateur et ce moment sera le moment le plus puissant que la Terre aura jamais porté.

    Mais qui donc croit encore en ces promesses et surtout dans un retour réel, littéral tel qu'enseigné par les textes bibliques ?

    Aujourd'hui, les grandes communautés chrétiennes ont mis ce message de côté, l'ont minimisé et ne sont plus en accord avec leur propre crédo issu du concile de Nicée. J'en ai trouvé ci-dessous deux exemples :

    Dans le journal « La Croix », on peut lire un article intitulé : Que veut dire attendre le retour du Christ ? L'auteur développe ce thème expliquant la non-littéralité des propos du Christ et conclut : *« Il ne s'agit pas d'une fatalité, mais d'une invitation à « faire le bien » et à bâtir l'avenir, plutôt que de rester spectateur. De cette manière, le retour du Christ s'inscrit dans la foi chrétienne, non pas comme un épisode annoncé, mais comme une espérance dans un monde en attente »*
    https://cutt.ly/nya5mWD

Selon cet auteur, le thème du retour du Christ n'est pas à prendre au sens littéral, mais est une simple invitation à faire le bien.

Sous la plume de nombre de représentants des communautés issues de la Réforme on retrouve également la même distanciation par rapport à leur crédo sur les temps de la fin.

Dans un article intitulé : « Retour du Christ - Parousie - Fin du monde - Eschatologie », voici ce que ce représentant d'une église issue de la réforme déclare :

https://cutt.ly/pya5nYr

« Attendre encore la venue du messie, c'est passer à côté, attendre et attendre toujours le lendemain, cela fait 2000 ans que des chrétiens attendent ainsi que Jésus revienne établir son règne, alors que cette réalité est déjà donnée, et elle est à vivre maintenant. Cette façon d'annoncer le retour du Christ pour bientôt ressemble à cette blague que l'on raconte, où un barbier astucieux avait mis dans sa vitrine une affiche disant «demain, on rase gratis (gratuitement)». Les passants venaient le lendemain se faire raser, mais comme l'affiche était encore dans la vitrine, c'était demain, toujours le lendemain que ce serait gratuit »

Et un peu plus loin : *« Le retour du Christ est à attendre dans notre être, dans notre communauté humaine, et cela se réalise par notre conversion. C'est ce dont témoigne la fin de l'évangile selon Matthieu : il conclut son livre en annonçant que le Christ n'est pas absent, mais vivant et présent à nos côtés tous les jours »*

Nul doute que, pour cet auteur, le concile de Nicée est caduque et pas plus qu'il n'y aura de coupe gratis chez le barbier, il n'y aura, selon lui, de retour du Christ !

En conclusion de ce point, je ne peux que constater qu'il y a quelquefois et selon les églises une certaine distanciation entre les paroles du crédo des églises et leur enseignement. Je pense qu'il faut y voir là la notion de temps qui fait qu'on ne voit absolument pas pourquoi nous serions dans l'urgence, alors que ces événements sont annoncés pour des temps que l'on juge très lointains. La fin du monde étant par définition un événement qui arrive en dernier, et c'est bien loin le temps de la fin !

De plus, il est annoncé comme étant précédé de violence, de temps de folie, de désastre, de peur. Et qui a envie de vivre cela ?

Si ces temps doivent survenir, que ce soit le plus loin possible de nous, et en tous cas pas pour moi. Pas pour mon époque, pas pour mon entourage, pas pour ma famille. Si ces choses devaient se produire là maintenant, disons dans les vingt ou trente années qui viennent, mais alors j'aurai à vivre le chaos annoncé par le Christ lui-même.

Et que dire à mes enfants, qu'ils sont condamnés, qu'ils ne connaîtront de la vie sur Terre que souffrance et désolation ? Inutile de parler d'avoir un petit copain, d'avoir des enfants, un métier, un avenir professionnel. Non tout s'arrête et le chaos s'installe, car Jésus revient. Quelle perspective !

Et s'installe alors un rejet de tout notre être. Et ce rejet pourrait s'exprimer par ces mots : « Il ne saurait en être question, je rejette de toutes mes forces cette interprétation cataclysmique, je me mets hors-jeu. Je refuse et je rejette ces idées néfastes et pessimistes d'un monde en déconstruction et qui va à sa fin, car JE VEUX VIVRE ».

Durant ces derniers mois, au cours de mes entretiens ou prédications sur ce sujet des temps de la fin, j'ai quelquefois eu des réactions de réserve venant pourtant d'églises dont le crédo comme la pratique prêchent la proximité de ces événements. Et jusqu'à cette femme de pasteur qui un jour m'a dit : *« mais arrête Joël, avec tes discours d'apocalypse à venir, parce que moi, à mes enfants (14 et 16 ans) je leur dis quoi, comment je leur parle de leur avenir ? Tout s'arrête et ils n'ont plus qu'une seule perspective : la fin du monde. Ben c'est joyeux ! »*

Il est vrai que pour ceux qui auront à vivre ces événements cela va sûrement devenir de plus en plus difficile. Alors on prie pour que cela ne nous concerne pas, mais concerne une autre population, la génération suivante !

Approche plus que nuancée aussi, face aux déclarations de Jésus et à celles de leurs propres communautés, mais on peut comprendre ces réactions primaires, instinctives, d'autodéfense. Normal. Tellement humain !

Et pendant ce temps, le monde continue de se désagréger et l'angoisse de monter parmi les nations.

4 – Le jugement final

Dans les paroles même de cette partie du crédo sur la fin des temps se trouve une notion que l'on aimerait bien passer sous silence ou du moins traverser au plus vite, puisque le texte de Nicée affirme qu'a la fin des temps : *« Il reviendra dans la gloire pour juger les vivants et les morts »*.

Si encore il s'agissait du jugement des «méchants», de ceux qui rejettent Dieu, on pourrait se dire que cela ne nous concerne pas, puisque nous, n'est-ce pas...

Mais l'intitulé de cette partie du crédo parle d'un jugement qui semble bien concerner toute l'humanité.

Ne serait-il pas là aussi l'un des points de ce rejet de ces textes bibliques sur ce thème des temps de la fin ?

Qui peut accepter le cœur léger ce jugement de notre vie ? Car si dans ce jugement, toutes les actions de mon existence sont passées en revue, je comprends que chaque être humain ait de grandes craintes.

Pourtant une parole extraordinaire vient pour nous faire comprendre que le croyant n'a nullement à craindre ce jugement des temps de la fin. En effet, dans l'épitre aux romains, l'apôtre Paul s'exclame : *« Il n'y a maintenant plus aucune condamnation pour ceux qui sont unis à Jésus Christ ».* **Romains 8.1**

Le texte ne dit pas qu'il n'y aura pas de jugement. Non. Car un jugement aura bien lieu, mais ce qui est dit, c'est que de ce tribunal des actions de ma vie ne sortira aucune condamnation. C'est cela que déclare l'apôtre.

Oui, le jugement aura bien lieu et il concernera chacune de nos personnes, mais si ce jugement a bien lieu, miracle de la grâce et du pardon accordé par le Christ, le verdict de ce jugement est déjà connu : pas de condamnation pour ceux qui sont unis à Jésus Christ. Dès lors, pourquoi craindre la fin des temps, le retour de Jésus et le jugement final ?

Mais tenez, je voudrais sortir quelques instants du cadre des textes et analyses qui font l'objet de ce livre pour vous emmener au théâtre. Ceci est une pièce de fiction, mais comme on le dit quelquefois, elle s'inspire et est basée sur des faits réels.

On parle, associé à la fin du monde, du grand jugement final, mais au fait pourquoi grand et pourquoi final ?

Eh bien, grand car toute l'humanité, individuellement, sera jugée, un par un et chacun aura à répondre des actions bonnes ou mauvaises de sa vie. Et au final, après ce jugement, la sentence prononcée sera : soit la vie éternelle auprès de Dieu, soit le rejet éternel. Dans ce grand jugement final, c'est toute l'histoire du bien et du mal qui sera présentée devant tous, passant par Satan et les anges déchus aux anges fidèles à Dieu et devant l'humanité toute entière, en présence de Dieu le créateur et devant le Fils qui a payé de sa vie pour racheter l'humanité perdue.

C'est donc un moment très important pour toute la création, et nul ne peut s'imaginer le traverser sans appréhension, mais plutôt avec une grande crainte.

Mais imaginons d'abord le cadre de ce jugement :

Nous sommes dans une salle d'audience pleine à craquer, car ce qui se joue est ni plus ni moins que la grande confrontation entre le bien et le mal.

Chacun observe. Tous retiennent leur souffle, car un par un, les accusés vont comparaître pour ce grand jugement final. Là seront jugés un par un les femmes et les hommes qui, au cours des siècles ont peuplé la Terre, mais aussi Satan et ses anges.

Chaque humain va être présenté, analysé, pesé, et gare à ceux pour qui la balance penchera du mauvais côté car bonnes ou mauvaises actions, tout sera comptabilisé. Ce qui fait craindre le pire aussi, c'est non seulement que toutes les actions seront présentées, mais aussi toutes les pensées, bonnes ou mauvaises, les intentions qui n'ont pourtant débouché sur aucune action. Tout sera révélé et jugé.

Les personnages présents dans ce tribunal sont :
- Le juge, c'est Dieu
- L'accusateur, c'est Satan lui-même
- L'avocat, c'est Jésus.
- L'accusé, c'est vous, c'est moi
- Il y aura aussi des témoins qui défileront et chacun affirmera avoir été témoin soit d'une bonne action, soit d'un méfait commis par l'accusé

Mais la séance commence, et l'accusé est prié de se lever : c'est moi. C'est mon jugement qui commence.

Je n'en mène pas large ! Impossible de ne pas avoir un moment d'appréhension devant la solennité du lieu et de l'instant. Pourtant, en entrant dans la salle, j'ai croisé le regard de mon avocat et son sourire confiant qui me disait « garde espoir, je suis là, je ne t'abandonnerai pas » m'a fait du bien et quelque peu rassuré.

La séance commence par l'acte d'accusation et ce que je redoutais le plus arrive : ils savent tout ! Impossible de me dérober. J'essaie bien de faire valoir telle ou telle action, geste ou pensée du genre : « oui mais ce jour-là, j'ai aussi… » mais je vois bien que cela ne pèse pas lourd face à ce qui s'accumule dans le plateau des fautes, et hélas je vois bien que la balance penche de plus en plus du mauvais côté.

Je vois aussi que ma situation tend vers le désespéré, au sourire qui envahit le visage de l'accusateur. Je sens bien qu'il jubile et qu'il se dit : « cette fois, celui-là, il ne m'échappera pas ! »

Bientôt le verdict. Il ne reste plus qu'à mon avocat de parler, de plaider ma cause. Mais que pourra-t-il dire ?

L'affaire semble entendue. Il y a bien eu ces deux, trois moments dans ma vie où j'ai réussi à... mais le déficit est tel !

Les épaules basses, le regard fixant le plancher... je suis anéanti. Puis je relève la tête car c'est au tour de mon avocat de se lever. Le silence se fait, car de tout son être émane un mélange d'autorité et de puissance, de bonté, d'amour, de bienveillance, d'empathie et de générosité. Avant de commencer à parler, il me jette à nouveau un regard confiant. Je me fige, serait-il possible...?

Et le voici qui parle. Il évoque mes faiblesses, il le reconnaît, il admet que j'ai parfois douté aussi, évoque mes découragements... Oui bien sûr, tout cela est vrai, mais, dit-il, je lui ai fait une promesse, c'est qu'il n'y aurai pas de condamnation pour ceux qui se réclament de moi. Puis se tournant vers la salle, il montre ses mains, ses pieds et son côté percés, puis il déclare d'une voix forte :

– Cet homme m'appartient, j'en ai payé le prix. Puis se tournant vers moi :

– Viens me dit-il, ta foi t'a sauvé.

Quel moment extraordinaire. La joie, le bonheur, la reconnaissance m'envahissent, m'étouffent, je ne peux plus parler et je tombe en pleurant au pied de celui qui a donné sa vie pour moi. Qu'ai-je donc fait pour mériter cette grâce ? Rien. C'est lui qui m'offre tout cela, gratuitement.

Je suis sauvé, libéré, et je rejoins, précédé par mon avocat, la grande salle où les festivités à la gloire de l'agneau et des élus rachetés vont commencer.

Je clos ici cette pièce. Je n'ai dans cette illustration fait que mettre en scène et en situation les promesses faites par le Christ lui-même. Alors maintenant, qui craindra encore le jugement de Dieu ? Qui craindra la fin du monde et son jugement final ? Ceux qui ont mis leur foi et leur espérance dans le seul nom qui puisse nous sauver restent sereins, car tous croient quand la Bible l'affirme : *« Le salut se trouve uniquement en lui, car, nulle part dans le monde, il n'a été donné aux êtres humains quelqu'un d'autre par lequel nous puissions être sauvés »* **Actes 4.12**.

Et ce nom c'est celui de Jésus, le Christ, le ressuscité.

> Le plus grand défi sûrement de ce livre c'est que nous puissions admettre qu'il y a un rapprochement réel et concret à faire entre ces textes écrits il y a plus de 2000 ans et qui présentent ces temps de la fin du monde, tels qu'annoncés et décrits par les auteurs bibliques - et que d'ailleurs peut-être nous ne remettons pas en question - et le parallèle avec notre monde moderne, celui de notre XXIème siècle, celui dans lequel nous vivons.
>
> Que la fin du monde ne soit plus un événement lointain mais qu'il concerne notre génération, voilà sans doute ce qui est dur à envisager. Et c'est pourquoi je pense ce message est si souvent rejeté car il apparaît comme anxiogène et porteur de menaces, alors qu'en réalité, il contient ce merveilleux message d'espoir pour toute l'humanité et qui est : *Jésus, selon sa promesse, va revenir pour nous prendre avec lui et nous emmener au ciel, là où il n'y aura plus ni peine ni deuil. Et ce temps est venu !*

Il est temps pour moi de conclure, et ce chapitre, et ce livre. Mais avant, j'aimerai vous expliquer pourquoi j'ai donné à ce livre ce titre peut-être étrange pour vous :

« Les pierres crieront ».

« S'ils se taisent les pierres crieront »
Jésus Christ

7 - LES PIERRES CRIERONT

1 – C'est la fête à Jérusalem

Nous sommes à Jérusalem, une semaine avant la Pâque juive de cette journée de l'an 33 de notre ère chrétienne et l'exubérance et la joie se sont emparées de la ville sainte.

On danse, on fait la fête, on exulte. Des cris de joie sont particulièrement perceptibles en provenance d'un groupe de personnes que nous connaissons bien, puisqu'il s'agit des disciples d'un certain Jésus de Nazareth.

Lui, Jésus, il est là, entouré d'une foule nombreuse. Il est assis sur un âne qui le transporte et il pénètre dans la ville. Il est souriant, il salue sûrement – bon ça d'accord ce n'est pas dit – mais en tous cas, il se laisse acclamer !

Mais pourquoi toute cette exaltation et cette exubérance ? Nous le comprenons en lisant ce qu'en disent – après coup – les disciples qui participent à cette fête (que l'on nommera plus tard la fête des rameaux). Ils diront : « *C'était un prophète puissant ; il l'a montré par ses actes et par ses paroles devant Dieu et devant tout le peuple. [ ] Nous avions l'espoir qu'il était celui qui devait délivrer Israël.* ». **Luc 24.19-21**

Cela fait plus de trois années que, jour après jour, les disciples suivent, découvrent ce maître incroyable qui guérit les malades, pardonne les péchés, ressuscite les morts et dispense un enseignement d'amour tellement puissant et jamais entendu jusqu'alors. Cette montée à Jérusalem, ils s'y préparent car elle va probablement être la source de bien des bouleversements. Ils le devinent, l'entrevoient. Car pour eux, les disciples du premier cercle, quelle position envieuse sera la leur quand la gloire du Messie, du Fils de Dieu, se révèlera.

Alors, tout naturellement, ils font du bruit car déjà, ils font la fête. Les populations de Jérusalem, mais aussi de toutes les contrées parcourues par Jésus, sont là aussi parmi ceux qui l'acclament. Nombreux sûrement sont ceux qui le suivent depuis plusieurs années maintenant, de façon plus ou moins proche. L'enseignement, les événements et miracles que l'on se dit de bouche à oreille au sujet de ce Jésus se rapportent, mais pas trop fort quand même pour ne pas se mettre à dos les autorités religieuses juives qui sont très susceptibles et qui ne sont jamais loin.

Les autorités juives, oui, parlons-en. Comment vont-elles réagir devant ces cris et ces chants ? Elles sont quand même en charge devant les autorités romaines de ne pas laisser l'ordre public se dégrader dans Jérusalem. D'autant que la pâque juive, que l'on célèbre dans quelques jours, c'est le point culminant des fêtes traditionnelles juives, puisqu'elle marque pour tous la libération et la fuite du peuple juif de la terre où ils étaient maintenus en esclavage en Egypte.

Vous voyez le parallèle ?

Inutile de dire que les romains (qui connaissent sûrement eux aussi, l'origine de cette fête) sont très attentifs à ne laisser personne mettre trop de zèle à commémorer la libération (même ancienne) du peuple juif.

Trop dangereux, trop risqué pour l'occupant romain. Et puis, il faut bien le dire, les autorités juives n'ont pas du tout envie de voir ce Jésus, dont ils ne savent que penser, affirmer une quelconque autorité. Il faut étouffer cela dans l'œuf, et vite !

Alors, et au milieu de la foule et du bruit, les autorités juives s'approchent de Jésus et lui disent, et l'on sent de l'autorité dans leur demande : « *Maître, fais taire tes disciples !* » **Luc 19.39**

Mais Jésus ne fait pas taire ses disciples et même il va répondre à ceux qui lui font cette demande : « *Je vous le déclare, s'ils se taisent, les pierres crieront* ». **Luc 19.40**

Quelle expression bizarre : « *Les pierres crieront* ».

Eh bien oui, Jésus prend cette image pour exprimer l'impossibilité de faire taire ou la foule, ou les affligés, ou les guéris du corps comme ceux de l'âme, ou les ressuscités.

Il y a trop de témoins, la vérité ne peut être contenue.

Dieu a envoyé son Fils et le Messie est venu et a accompli son œuvre parmi les hommes.

Rien ne peut faire taire cette vérité.

Et à supposer que l'on arrive à faire taire ces témoins, les pierres même, pourtant éléments minéraux inertes, seraient alors les témoins de la proclamation du Christ, de sa trace, de son passage et de son ministère sur Terre.

Ses disciples sont les témoins, les porteurs d'une vérité que rien ni personne ne pourra cacher. C'est bien là le sens de ces paroles.

2 – Un plan de toute éternité

Je l'ai déjà souligné, on pourrait imaginer que le retour du Christ est une solution, la solution que Dieu met en place un peu dans l'urgence, comme pour faire face à un événement soudain et inattendu.

Pourtant le christianisme, c'est une histoire complète appelée aussi sous la dénomination de : « Plan du salut ».

Il contient un début, un développement et une fin. Et cela est écrit depuis le commencement dans les pages de la Bible. Mais laissez-moi vous en retracer succinctement les grandes lignes en une dizaine de points.

1. **La création du monde**
   Les premiers mots de la Genèse rapportent la création du monde : « Au commencement la Terre... » Genèse 1.1 et le premier récit n'est autre que celui de la création où l'on voit Dieu créer et organiser la Terre avec en point final, avant de se reposer le 7ème jour, la création de l'homme.

2. **La vie en Eden**
   La vie d'Adam et Eve dans le jardin d'Eden nous est rapportée comme une période de parfaite harmonie, puisque Dieu est en tête à tête avec ses créatures puisqu'elles vivent sans péché.

3. **La chute**
   Tentés par le serpent, l'homme et la femme succombent et dès lors, devenus pécheurs, ne peuvent plus rester en présence de Dieu. Ils doivent alors quitter le jardin d'Eden.

4. **Vie sur Terre après le péché**
   Chassés d'Eden. Dieu promet pourtant une alliance. Elle s'accomplira par Moïse qui recevra les 10 paroles, écrites du doigt même de Dieu au Sinaï. Le peuple d'Israël vivra ainsi des siècles jusqu'a la venue du Messie promis.

5. **Venue du Messie**
   Né miraculeusement de la vierge Marie, Jésus, le Christ, le Messie promis, montrera aux hommes au cours de son passage sur Terre comment vivre une vie sainte réconciliant les hommes avec Dieu.

6. **Mort du Christ**
   Accomplissant de grands prodiges, Jésus vécut sur Terre une vie sans péché. Pourtant les autorités religieuses juives, n'acceptant pas son enseignement, réussirent à le faire mettre à mort par l'occupant romain.

7. **Résurrection et montée au ciel**
   Mais la mort ne pouvait garder ce juste au tombeau et c'est ainsi qu'au 3ème jour, comme il l'avait annoncé, Jésus ressuscita des morts. Puis son ministère sur Terre étant accompli, il remonta vers son Père, non sans faire une promesse :
   « Je reviendrai vous chercher ».

8. **L'attente**
   Depuis, l'église du Christ attend le retour de son Sauveur. Il y a plus de 2000 ans que cette promesse a été faite et son peuple aujourd'hui l'attend toujours.
   C'est à ce point de l'histoire que nous en sommes aujourd'hui, en ce XXIème siècle.

9. **Retour du Christ**
   C'est là le prochain événement attendu par les chrétiens. La Terre et l'église de Dieu n'en attendent pas d'autres.
   Ce retour du Christ correspondra à la fin des temps où le Christ viendra enlever son église. Eglise composée de tous ceux, morts et ressuscités ou encore vivants, qui auront choisi de suivre Christ. 1 Cor. 15.51

10. **Rétablissement des choses premières**
    D'après les textes bibliques (notamment ceux de l'apocalypse), Christ reviendra installer les élus pour l'éternité dans une Terre régénérée, retrouvant ainsi la Terre originelle, celle de la création en Eden.

Si la fin de la Terre, annoncée par tous ceux qui aujourd'hui étudient et analysent les données relevées dans tous ces domaines que j'ai cités dans ce livre, ne vous saute pas aux yeux, si vous n'avez pas été convaincu par mes études et mes propos et si vous ne croyez donc pas à cette notion de fin du monde, il est compréhensible que votre vie se poursuive dans le silence et l'indifférence.

Mais si vous avez compris qu'ils – les scientifiques, les savants, les écolos, les chercheurs et tous ceux qui s'engagent dans cette voie – ont un message d'urgence à faire passer, alors vous ne pourrez plus vous taire.

Vous avez bien compris le parallèle. Choisir ce titre pour moi signifie que ce message qui traverse non seulement les évangiles, mais aussi l'Ancien comme le Nouveau Testament, ne peut être un message qui se murmure, qui se dit entre soi, mais bien plutôt un message qui se crie et qui doit être prononcé haut et fort pour être entendu de tous.

Car y a-t-il aujourd'hui, pour les chrétiens, un autre message qui doive être annoncé plus haut et plus fort que celui de la fin des temps et du retour prochain du Christ ?

Imaginez, juste quelques instants…

Vous êtes là et, devant vos yeux émerveillés, le spectacle grandiose du retour du Fils de l'homme sur les nuées du ciel entouré de ses anges se produit. *« Alors, le signe du Fils de l'homme apparaîtra dans les cieux ; et tous les peuples de la Terre se lamenteront, ils verront le Fils de l'homme venir sur les nuées du ciel dans toute sa puissance et sa gloire. La grande trompette sonnera et il enverra ses anges : ils rassembleront ceux qu'il a choisis des quatre coins du monde, de l'extrémité de la Terre jusqu'à l'extrémité des cieux ».* **Matthieu 24.30-31**

Et vous êtes là, témoin radieux de l'événement tant attendu, lorsqu'une voix se fait entendre à côté de vous. Il s'agit d'un ami, d'une connaissance, d'un parent et qui vous dit :

– Quoi ! Mais alors toi tu savais ces choses là, mais pourquoi tu ne m'as rien dit ?

Ne préfèreriez-vous pas alors être celui qui a trop parlé, qui s'est aussi probablement fait moquer ou charrier, mais c'est alors la responsabilité de ceux qui n'ont pas reçu ou accepté ces paroles plutôt que d'être celui qui savait et qui n'a rien dit ?

Matthieu 5.14-16

Vous êtes la lumière du monde. Une ville située sur une montagne ne peut être cachée et on n'allume pas une lampe pour la mettre sous le boisseau, mais on la met sur le chandelier, et elle éclaire tous ceux qui sont dans la maison. Que votre lumière luise ainsi devant les hommes, afin qu'ils voient vos bonnes œuvres, et qu'ils glorifient votre Père qui est dans les cieux.

Lorsque l'on a reçu une telle lumière, il est impossible de la garder pour soi. On n'allume pas une lampe pour la mettre sous le boisseau, affirme Jésus. Cela indique qu'au contraire, cette lumière doit être placée sur un chandelier, de telle sorte qu'elle éclaire au loin et qu'elle soit vue de tous.

Christ, par ces paroles, nous dit que nous ne devons pas garder cette lumière et cet enseignement pour nous-mêmes, mais nous appelle à le partager avec d'autres, avec le plus grand nombre.

« Même si vous êtes seul et que personne ne vous suit, défendez toujours ce qui vous paraît juste »
Abbé Pierre

8 - Et maintenant...

Il y a quelques temps, une amie à qui je parlais de ce projet de livre me fit cette remarque :
– Ne crois-tu pas que ton message va paraître par trop anxiogène ou trop pessimiste ? Quel espoir laisses-tu au lecteur, en quoi va-t-il pouvoir continuer à espérer, pour quoi va-t-il avoir envie de se battre et de vivre si tu développes ainsi cette notion d'une Terre sans avenir et de solutions impossibles à mettre en œuvre ?

Cette réflexion est hélas terriblement juste, et si nous prenons ces réflexions sous cet angle, je dois bien avouer que je n'ai en effet pas beaucoup de réponses. Car au fait, répondre quoi ?

Je peux bien sûr rejoindre la cohorte de ceux qui nous disent des paroles apaisantes, affirmant que tout ne va pas si mal, que nos scientifiques et gouvernants maîtrisent le problème, que tout est sous contrôle, qu'il n'y a rien à craindre et qu'il ne faut s'inquiéter de rien. Ou même, constatant que nos gouvernants ne s'expriment quasiment jamais sur le sujet, ils démontrent bien par-là que c'est un non-événement et qu'il n'y a rien à en dire.

Relancer la croissance, donner de l'emploi, un logement et un niveau de vie confortable pour tous, voilà des sujets qui préoccupent nos gouvernants. Ça, ce sont de vrais sujets, de ceux que les peuples réclament et veulent voir traiter en priorité par nos dirigeants. Preuve, s'il en fallait, que l'état de la planète et de notre avenir n'est pas un sujet qui les préoccupe. Personnellement, je n'ai pas voulu de ce parti pris et de cette attitude de l'autruche, la tête dans le sable, qui affirme : « *vu d'ici, tout va bien !* ».

Il est terrible, je trouve, d'entendre dire : « *si l'on ne fait rien, on ira droit dans le mur, mais je crois en l'homme et en sa capacité de ne pas laisser les choses se dégrader* ».

Cette croyance que l'humanité contrôle et gère correctement son avenir et prend dès aujourd'hui les bonnes décisions pour son avenir est, de mon point de vue, assez sidérante. Nous pouvons tous observer qu'aucune décision forte et importante n'est prise, voilà pour moi où se trouvent les véritables sujets anxiogènes. Pour ne pas inquiéter les populations ou peut-être simplement parce qu'ils n'ont pas de solutions à proposer, aucun gouvernement dans le monde n'essaie d'anticiper ou de mettre en place à une échelle suffisante des solutions qui « soulageraient » la planète. Le paradoxe, c'est que lorsque les événements de difficultés environnementales planétaires arriveront, les peuples se retourneront contre leurs gouvernants, les accusant de n'avoir pas anticipé la crise !

(cf coronavirus !)

Cela ne vous rappelle-t-il pas une récente pénurie de masques, de lits dans les urgences ou de tests de dépistage massif pour un certain Covid-19 ?

Au terme de ce livre, maintenant que vous avez en main davantage d'éléments qui vous permettent de vous faire une opinion par vous-même, sachant l'état de santé de la planète et de ses projections vers un futur proche : que dire et que faire ?

Que l'on soit athée, non-croyant, agnostique ou croyant, que l'on soit sceptique, inquiet ou convaincu de telle ou telle destinée à vivre en ce qui concerne la vie de l'homme sur la Terre, je ne crois pas que l'humanité aie beaucoup de choix et d'alternatives auxquels elle puisse se référer en ce qui concerne notre avenir. Nous sommes tous aujourd'hui devant quelques choix seulement.

Je voudrais résumer ces choix en définissant quatre grandes tendances dans lesquelles, je pense, chacun pourra se retrouver. J'ai choisi de donner comme titre à ces quatre grandes tendances les appellations suivantes :

Non-Croyants / Sereins

D'abord il a ceux qui refermeront ce livre en se disant : *« Non, vraiment n'importe quoi, comme si la Terre et sa population étaient en danger. Nous avons toutes les technologies pour faire face à toutes les situations et ce ne sont pas ces quelques (soi-disant) vaguelettes annoncées ni de quelques étés plus chauds qui vont tout remettre en question. Laissons de côté les propos et analyses de ces prophètes de malheur et laissons-les à leurs lots de thèses catastrophistes. Vivons, croissons et soyons heureux, il n'y a rien à craindre, nous sommes entre de bonnes mains ».*

Dont acte. Au sortir de ces pages, ceux-là ne voient aucun danger imminent peser sur la planète. Je n'ai alors rien à ajouter ni à commenter. C'est leur liberté de pensée, c'est leur choix. L'avenir est en marche, bonne chance à chacun et peut-être rendez-vous à la fin de ce siècle…

Non-Croyants / Sceptiques

Il y a ceux qui pensent que tous ces signes sont, hélas, bien vrais et annoncent un futur proche de plus en plus inquiétant. Lucides sur l'issue finale, ils se préparent au pire, comme c'est le cas des collapsologues. Ils se disent que l'on ne pourra éviter les pires scénarios. D'autres espèrent encore, faisant confiance à la technologie et aux sciences modernes, et se disant que l'on trouvera sûrement bien le moyen de s'en sortir et d'éviter le pire.

« L'homme a quand même posé le pied sur la lune, et bientôt sur Mars, ce n'est pas rien ça quand même ! ».

Je ne connais pas les arguments ni les moyens qu'ils imaginent être mis en place pour se sortir de ces défis gigantesques. Au passage, j'aimerais bien les connaître, leurs arguments, car les études faites tout au long de ces pages me semblent au contraire démontrer que rien ne sera plus comme avant et qu'il n'y a que peu, voire pas d'issues.

Comment par exemple remplacer les ressources naturelles épuisées, empêcher le niveau des mers de monter face au réchauffement climatique ou empêcher la population mondiale d'augmenter ? Si c'est votre croyance et votre cas, s'il vous plait, partagez vos arguments accompagnés de leurs sources.

Le monde, inquiet, en a un urgent besoin.

Croyants / Sceptiques

D'autres peuvent se dire : « oui, je suis chrétien mais personne (ni curé, ni pasteur, ni personne) ne m'a jamais parlé de cette croyance en ces textes bibliques qui annoncent une fin du monde avec un retour du Christ proche, comme présentés dans ce livre et je ne me vois pas adhérer à ces thèses d'un dieu interventionniste et surtout dans des temps aussi rapprochés ».

Ceux-là, ce sont ceux qui, par devers soi, envisagent une thèse dramatique que personne n'ose dire, s'avouer, ni même prononcer. Celle de la destruction finale et disons-le, inéluctable. On ne peut rien faire pour éviter ou contrer ce qui s'annonce. Mais, de là à croire à un dieu qui interviendrait pour sauver l'humanité ! *« Non quand même, c'est un peu gros. J'ai cessé il y a déjà bien longtemps de croire au Père Noël ! »*.

J'aimerais tellement redonner espoir à cette catégorie de personnes. Elles sont croyantes, ont le message du Christ à portée de main, mais ne peuvent ou n'osent croire en ses promesses pourtant inscrites noir sur blanc dans les pages de la Bible et dans le crédo de leur église.

A ceux-là je dirai : prenons confiance et laissons l'Esprit Saint nous guider vers le Christ qui n'a qu'une parole. Ses promesses sont certaines et sont pour ceux qui croient en lui et qui l'invoquent.

Croyants / Sereins

Enfin, il y a ceux qui ont cette conscience que oui, les temps à venir vont devenir de plus en plus durs, car oui, les catastrophes et la désolation que nous voyons poindre actuellement sur Terre pourraient bien survenir et s'amplifier, et nous commençons déjà à en voir les prémices.

Les conséquences pour la vie des hommes et de leur environnement pourraient devenir dévastatrices et cela pourrait arriver dans très peu de temps.

Mais les chrétiens croient en un Sauveur, car ils ont basé leur foi sur les textes bibliques qui leur disent que Jésus, le Christ, le fils de Dieu, a donné sa vie pour sauver l'humanité et qu'il ne les abandonnera pas.

De toute éternité, Dieu a un plan pour sauver ses créatures, ce sont les textes bibliques qui le disent et qui l'affirment ainsi que le crédo de toutes les églises chrétiennes.

Cela passera par son retour puisqu'il l'a promis, il reviendra afin d'enlever son peuple. Son peuple, c'est celui qui se trouve essaimé partout de par le monde et dans toutes les églises du monde. Il est composé de ceux qui ont cru en lui et qui l'attendent. De ceux qui croient qu'il mettra fin par son retour à toutes souffrances et rétablira dans un monde redevenu sans péché l'harmonie de la création d'avant la chute en Eden.

Crois seulement et aie confiance
en sa parole quand il l'affirme :
*« **Oui, je viens bientôt** »*

Il est là le formidable espoir, elle est là la bonne nouvelle de ce livre. Malgré les difficultés croissantes qui vont survenir, mais juste après, juste derrière, les promesses du Christ annonçant son retour se réaliseront et les signes de la Terre le montrent, cela est pour très bientôt.

Que la joie engendrée par la croyance en ces paroles du Christ soit notre soutien aux jours où les difficultés apparaîtront.

Les premiers chrétiens se saluaient par l'expression : « **Maranatha** » https://cutt.ly/pypWnR2

Alors à chacune et à chacun : **MARANATHA**

« Celui qui atteste ces choses dit :
Oui, je viens bientôt.
Amen ! Viens, Seigneur Jésus ! »
Apocalypse 22.20

Joël Fayard, Mars / mai 2020

Email pour joindre l'auteur : grandir@gmx.fr

BIBLIOGRAPHIE

BARRAU Aurélien, *Le plus grand défi de l'histoire de l'humanité*, Michel Lafon, 2019.
BIBLE, *TOB - Traduction Œcuménique de la Bible*, Cerf, 1975.
BIBLE, *Nouvelle Bible Second*, Alliance Biblique Universelle, 2002
BOHLER Sébastien, *Le bug humain*, Robert Laffont, 2019.
COCHET Yves, *Où va le monde 2012-2022*, Fayard (1001 nuits), 2012.
COCHET Yves, *Devant l'effondrement*, Les liens qui libèrent, 2019.
FAYARD Joël, *Ce qui m'a fait grandir*, Vie & Santé, 2013.
FIEVET Didier, *Bible et écologie - Questions croisées*, Olivetan, 2019.
GRANJEAN Alain, *Agir sans attendre*, Les liens qui libèrent, 2019.
HARARI Yuval Noha, *Sapiens*, Albin Michel, 2015.
HESSEL A, JOUZEL J, LARROUTUROU P, *Finance, Climat, Réveillez-vous*, Indigène, 2019.
HULOT Nicolas, *Le syndrome du Titanic*, Calmann-Lévy, 2005.
LANG Alexandre, *Pandémie*, Michel Lafon, 2019.
NOTRE AFFAIRE A TOUS, *Comment nous allons sauver le monde*, Massot, 2019.
PAPE FRANÇOIS, *Lettre Encyclique Laudato Si,*
  Sur la sauvegarde de la maison commune, Vatican, 2015.
REEVES Hubert, *L'univers expliqué à mes petits enfants*, Le Seuil, 2011.
REEVES Hubert, *Là où croit le péril...*, Le Seuil, 2013.
REEVES Hubert, *La Terre vue du coeur*, Le Seuil, 2019.
RUFIN Jean-Christophe, *Le parfum d'Adam*, Flamarion, 2007.
SERVIGNE Pablo, *Comment tout va d'effondrer,* Le Seuil, 2015.
SERVIGNE Pablo, *Une autre fin du monde est possible*, Le Seuil, 2019.
TESTO Laurent - AILLET Laurent, *Collapsus/changer ou disparaître*, Albain Michel, 2020
THUNBERG Greta, *Rejoignez-nous*, Kero Calmann-Levy, 2019.
TOUATI Marc, *Krach, boom... et demain ?,* Dunod, 2009.
VARGAS Fred, *L'humanité en péril - Virons de bords toute !*, Flammarion, 2019.
WOSNITZA Julien, *Pourquoi tout va s'effondrer*, Les liens qui libèrent, 2018.

TABLE DES MATIERES

PREFACE **9**

AVANT PROPOS **13**

PREMIERE PARTIE - LE MONDE D'AUJOURD'HUI

1 - INTRODUCTION **23**

2 - LE CONSTAT **29**

3 - DEREGLEMENT PLURIDISCIPLINAIRE **41**
   1. Gaz à effet de serre 43
   2. Recul des glaciers 45
   3. Montée du niveau des océans 49
   4. Permafrost 54
   5. Eau potable 58
   6. Exploitation des forêts 60
   7. Risque de guerres nucléaires 62
   8. Guerre bactériologique & Pandémie 66
   9. Situation économique 69
   10. Intelligence Artificielle - IA 73
   11. Biodiversité & Disparition du vivant 77
   12. Phénomènes naturels 81
   13. Epuisement des ressources naturelles 82
   14. Démographie & surpopulation 84
   15. La collapsologie 91
   16. Autres pistes... 93

4 - CE SONT EUX QUI LE DISENT... .... **95**
   1 – Al Gore 96
   2 – Appel des 200 97
   3 – Joan Baez 97

4 – Aurélien Barrau 97
  5 – Charles Berling... 98
  6 – Yann Arthus-Bertrand................................. 98
  7 – Juliette Binoche 99
  8 – Albert Camus 99
  9 – Jacques Chirac 99
  10 - Yves Cochet 100
  11 - Marion Cotillard 100
  12 - Commandant Cousteau.......................... 101
  13 - Nicolas Demorand 101
  14 - Pape François 102
  15 - Charlotte Gainsbourg / Fred Vargas 102
  16 - Stephen Hawking 103
  17 - Sylvestre Huet 104
  18 - Nicolas Hulot 105
  19 - Serge Lama 105
  20 - Lucie Lucas 105
  21 - Deon Meyer 106
  22 - Pierre Rabhi... 106
  23 - Hubert Reeves 107
  24 - Pablo Servigne 107
  25 - Haroun Tazieff 108
  26 - Greta Thunberg....................................... 108
  27 - Julien Wosnitza 109

5 - LE CHANGEMENT C'EST MAINTENANT 111
  1. Agir face à l'urgence................................... 111
  2. Pessimiste ou optimiste ?.......................... 119
  3. Ça déborde !.. 121
  4. La ruche et la fourmilière 126
  5. Des propos rassurants............................... 129

DEUXIEME PARTIE - UN MONDE POUR DEMAIN

6 - L'ESPERANCE CHRETIENNE **139**
    1 - Une croyance commune 140
    2 - Les promesses bibliques 144
    3 - Un crédo contesté 151
    4 - Le jugement final 157

7 - LES PIERRES CRIERONT **163**
    1 - C'est la fête à Jérusalem 163
    2 - Un plan de toute éternité 166

8 - ET MAINTENANT **171**
    - Non croyants / Sereins 173
    - Non croyants / Sceptiques 174
    - Croyants / Sceptiques 175
    - Croyants / Sereins 176

BIBLIOGRAPHIE **179**

TABLE DES MATIERES **181**

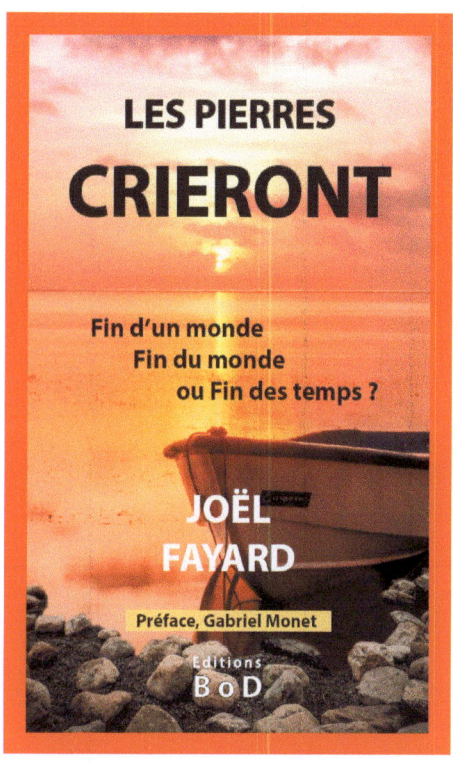

« LES PIERRES CRIERONT »
à commander sur Internet chez :

www.amazon.fr   www.chapitre.com   www.cultura.com

www.decitre.fr   www.fnac.com   www.place des libraires.fr

Egalement disponible sur le site de l'auteur : http://fayard.eu
Pour joindre l'auteur : grandir@gmx.fr

Imprimé en France

Dépot légal : juillet 2020
ISBN : 978-2-3222-3767-8
© Editions BoD, 2020
www.bod.fr